マインド・コントロールの仕組み

カルト宗教（破壊的カルト）
マルチ商法
デート商法
催眠商法
霊感商法
なりすまし電話詐欺
点検商法
占い詐欺
ブラック企業
グルーミング
DV被害
オウム真理教事件
監禁事件
テロリスト
内集団と外集団
賛美のシャワー
愛の爆撃
ハースト事件
カルマの法則
人民寺院事件
脱マインド・コントロール
確証バイアス
ザ・ウェーブ
ドア・イン・ザ・フェイス
ロー・ボール・テクニック
コミットメントと一貫性
社会的証明
ミルグラム実験
尼崎連続殺人・傷害事件
篠栗男児餓死事件
ハロルドの実験示
認知的不協和
心理的拘泥現象
自己封印システム

How mind control works

監修＝西田公昭
立正大学心理学部教授

KANZEN

目次

CONTENTS

はじめに

あなたは、「マインド・コントロール」を知っていますか？

本書を手に取っているあなたは、そのタイトルにあるこの言葉を、今初めて見たという人はもはやいないかと思います。たとえば、ニュースで耳にしていたり、もしかしたら知人が何気に口にしているのを聞いたりして、それは何か悪巧みをする人が誰かを人形やロボットのように操るということかな、などと考えているかもしれません。それで、この本を読むとそんなことができるようになると思っていたら大きな勘違いですが、詳しく理解できるようになって身を守ることに役立つかな、と思うなら、ズバリ正解です。

この言葉を構成する「マインド」とは、心を意味しますし、「コントロール」とは、統制を意味しますので、揺れ動く自分の心を制御することというようにも解釈できるかとは思いますが、実は自分が自分のために行うのではなく、誰か他者を支配する心理操作の技法なのです。つまり、コントロールは統制というよりも、この言葉では、支配を意味します。そんなことは、ＳＦ物語の中に登場する魔法の類いで、まったくの虚構か大袈裟な言い回しにしか過ぎないと思っている人がいるかもしれません。

確かに、マイクロ電子回路がこっそりと頭に埋め込まれて、電波などで意思や感情が遠隔操作されるというようなことはないし、そんなテクノロジーがすでに秘密に開発されて、人知れず使われているなどとも申しません。しかしながら、支配を目論み身勝手な利益を得ようとする個人や集団は私たちの身近な周囲に数知れずいて、彼らの巧みな話術に惑わされて信じてしまい、詐欺被害、性被害にあわされたり、労働搾取、多額の財産寄付をさせられたりしています。それにとどまらず、いつしか被害者は歪んだ正義感を与えられ、他の誰かに暴力を振るったり、無差別に攻撃する過激なテロリストにならされたりする事件が国内外で相次いで起きています。

マインド・コントロールという言葉は、日本では１９９０年代に初めて使われました。もともと心理学の専門用語ではなく、アメリカでも、いつ、誰が言い出したのかは定かではないと言われています。１９８０年頃、破壊的なカルトと呼ばれる過激な集団が、メンバーを強固に管理する技法としてそれを使っている実態が告発され、被害者自身は無自覚で否定すらするのですが、それが同じ現象に悩まされていた日本の当事者間にも広まったのです。そして、言葉は、拷問や虐待を強制するような「洗脳」との区別が混乱したまま使われてしまいました。マインド・コントロールされた状態は、支配者の指示どおり行動するし、常にその意志を忖度するのですから、洗脳でも同じ状態になることはあります。また、支配する意図はなくても、受け手が望めば結果的にそうなってしまうこともあります。なお、おそらくはマインド・コントロールを意図的に行使する者も、その技法をどこかで意志を抱いて学んだというのではなく、相手に気づかれずうまく自分の要求をのませてやろうと試行錯誤する中で自然に身につけた話術だったり、誰かがうまく他者を操っているのを見よう見まねで覚えたものだったりしたのだろうと思います。

私は、そういう現場における数々の被害者を長年にわたり調査したり、社会復帰に応援したりしてきて、マインド・コントロール状態にされた被害者が受けたコミュニケーションやその人が置かれていた社会環境に共通する仕組みがあることに気づきました。そして被害者は、まさか自分がこんな酷い目に遭わされてしまうなんて、まったく思っていなかったと口を揃えます。そこで本書は、心理学にまったく馴染みのない方にも、その仕組みをなるべく詳しくわかっていただき、ご自身や身近の大切な人々を残酷な被害から守るのに役立てていただきたいとの目的で監修させていただきました。

立正大学心理学部　教授　**西田公昭**

CHAPTER 1

マインド・コントロールとはなにか

CHAPTER 1

01

マインド・コントロールとはどんな技術なのか?

相手が気づかないまま思考を操作する

マインド・コントロールとは、コミュニケーションを駆使して、①自分にとって都合のよい方向へと、相手の意思決定を誘導する心理操作のことです。

マインド・コントロールの大きな特徴は、相手に悟られることなく、その思考や行動を操ることができる点にあります。したがって、マインド・コントロールの支配下に置かれた本人には、自分の心が操作されているという自覚がありません。それどころか、実際は行動を誘導されているにも関わらず、本人は「これは自分の意識で決定しているのだ」と思い込まされてしまいます。

そのため、いくら周囲が「騙されている」「支配されている」と訴えても、本人は「そんなことはない」と反発します。これがマインド・コントロールのやっかいなところで、**一度その支配下に置かれると抜け出すことは容易ではありません。**

さらにマインド・コントロールの危険なところは、完全にその支配下に置かれた

①マインド・コントロールをする目的は、独裁者や指導者が配下の人を心理的に支配するためや、悪質な勧誘などのビジネス利用、精神的に相手を追い詰めるいじめなど多岐にわたる。

場合、財産を騙し取られるといった被害者になるだけでなく、支配者に命じられるまま犯罪行為に及んでしまうことすらあります。

その象徴と言えるのが、1988年から1990年代にかけて起きたオウム真理教による事件（142ページ）です。この事件では、マインド・コントロールされた信者たちが、教団に命じられるまま殺人やテロ行為といった犯罪を実行し、社会に大きな衝撃を与えました。

殺人②やテロは言うまでもなく「悪」と呼べる行為です。しかし、信者たちはマインド・コントロールによって、それが「正しいこと」だと信じ込まされた結果、通常であれば絶対に行わないであろう凶悪な犯罪に手を染めることとなりました。

マインド・コントロールの技術を用いれば、本来その人が持っていたはずの善悪の判断もひっくり返すほどの強い影響力を与えることも可能となるのです。

☑トップダウン情報とボトムアップ情報を操作して誘導する

では、マインド・コントロールはどのような手法を用いて、相手の行動を操作しているのでしょうか。それを理解するには、まずは人が意思決定を行う際の仕組みを知る必要があります。

---

② オウム真理教内で、殺人は「ポア」と呼ばれ、「魂の転移」になるとして正当化されていた。

一般的に人が意思決定を下す際には、トップダウン情報とボトムアップ情報のふたつの情報処理を行っています。

トップダウン情報とは、自分の中にある過去の記憶に基づいた情報のことです。トップダウン情報には心理学用語では「ビリーフ」[3]と呼ばれ、単なる「知識」というだけではなく、これまでの人生を通して得た「信念」や「信条」「偏見」「イデオロギー」といったものが含まれます。もうひとつのボトムアップ情報は、目・耳・鼻・口・皮膚の五感を通じて得られる情報のことです。

人はなんらかの判断を行う際には、このふたつの情報を照らし合わせた上で、最終的な決定を下します。たとえば「いい儲け話があるんだけど一緒にやらないか」と誘ってくる友人がいたとします。このときあなたの脳内では、相手の表情やしぐさ、しゃべり方といったボトムアップ情報と、自分の記憶の中にある「こいつは昔からいい加減なところがあった」といったトップダウン情報を照らし合わせます。その上で、「いまいち信用できないから断ろう」と決定するといった具合です。

マインド・コントロールが操作するのは、まさにこの情報の部分で、意図的に都合のいい情報のみを与えることで相手の思考を操作し、自発的にこちらが望む通りの決定を引き出させます。つまり、意思決定のプロセスに介入して、あたかも自分の意思でそう決定したかのように誘導するのが、マインド・コントロールの手法と言えるのです。

---

[3] 「ビリーフ」はあくまでも、「自分が正しいと信じていること」であり、客観的にそれが正しいものであるかどうかは関係がない。

意思決定のプロセスとマインド・コントロール

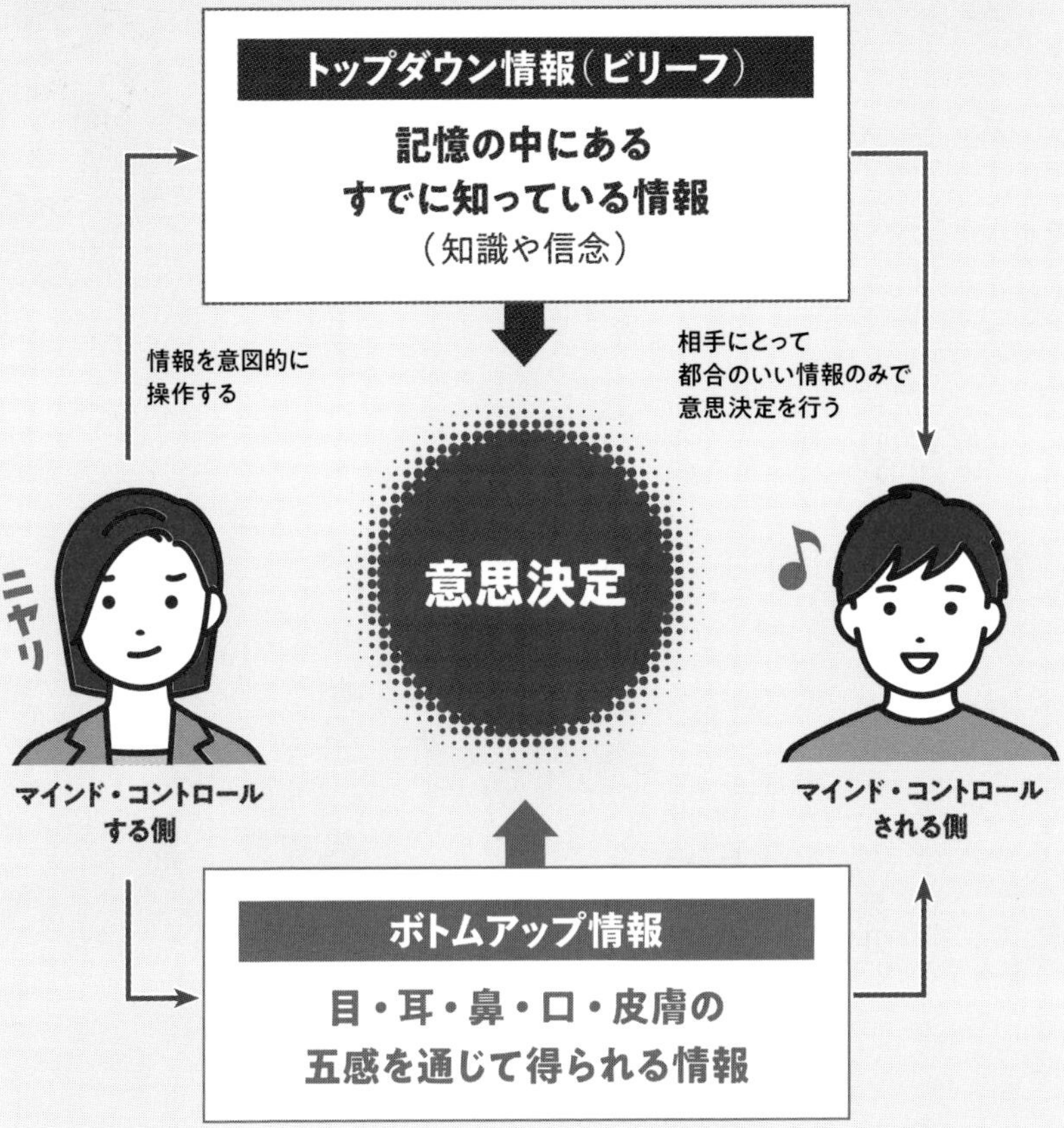
トップダウン情報（ビリーフ）
記憶の中にある
すでに知っている情報
（知識や信念）
情報を意図的に
操作する
相手にとって
都合のいい情報のみで
意思決定を行う
意思決定
ニヤリ
マインド・コントロール
する側
マインド・コントロール
される側
ボトムアップ情報
目・耳・鼻・口・皮膚の
五感を通じて得られる情報

- ●人はトップダウン情報とボトムアップ情報を照らし合わせて意思決定を行う
- ●マインド・コントロールはトップダウン情報とボトムアップ情報を意図的に操作し、こちらの望む決定へと相手と誘導する
- ●マインド・コントロールされた本人は、情報が操作されたと気づかないため、自らの意志によって決定したと思い込む

CHAPTER 1

02

心の支配はなぜ起きるのか

カテゴリー化によって、安心感を得る

みなさんは、血液型占いを信じているでしょうか？

全面的に信じてはいないにしても、「なんとなくそういう傾向はあるかな」ぐらいに思っている人も多いかもしれません。

しかし、このような血液型による性格診断が広まっているのは、日本だけなの[①]です。もちろん、他の地域にも、血液型以外での区分や占いめいたものはあるでしょう。血液型占いは、血筋とかを意識する日本人の気質に合っていたのかもしれません。

ここで重要なのは、人間を4種類に分類し、似たものを集めているということです。初めて会う人でも、その人の性格に関する何かしらの情報が得られれば、つき合い方を考える上での手がかりになります。何もない状態から手探りで会話するよりも、安心できることでしょう。

つまり、人を分類することで安心感を得ることができるのです。

---

①日本では、昭和初期に古川竹二という教育心理学者が、血液型と気質の結びつきについての論文を発表したことが、血液型診断の始まりとされている。

この「分類」という行為は、人間に本能的に備わっているもので、世界中のありとあらゆるものが、一定の基準によってまとめられています。

生き物であれば、軟体動物と脊椎動物、「哺乳類サル目ヒト科チンパンジー属チンパンジー」というように、学問上の分類がなされます。

このように、何かを分類することを「カテゴリー化」といいます。分類する対象がモノや動物であれば、話は単純です。何かの基準を設け、それに合わせて分類していけばよいのです。

「内集団」を好意的に感じ、「外集団」には否定的になる

ここに特別な心理が働くのが、人間を分類するときです。なぜなら、人間を分類することは、自分自身も分類することになるからです。これは、「セルフ・カテゴライゼーション」といい、他者を分類しながら、同時に自分をどの集団に位置づけるかを決めていく行為です。

人間の分類は、数限りなく存在します。「国籍」「出身地」「所属する会社」など、さまざまなグループの中に自分が存在していることがわかるでしょう。②

「自分は○○に所属している。ひとりではない」と感じることは、安心感に繋がり

②何かに所属しているというように、集団や社会的カテゴリーから捉えた自己認識を「社会的アイデンティティ」という。

ます。そして、そのことは、生きていく上でとても楽な気持ちになるのです。

そもそも、人間は、心の根底に「楽をしたい」という欲求があります。カテゴリー化は、人が抱えている不安な気持ちを楽にさせ、より深い部分での人間の気持ちを満足させる行為と言えるでしょう。これこそが、心の支配につながる最初の段階です。

自分をどこかの集団に入れると、「内」のグループと「外」のグループができます。自分がいる内輪のグループを「内集団」、外のグループを「外集団」といいます。そして、内集団と外集団ができると、人は自分の集団、つまり内集団を好意的に見るようになり、外集団には否定的になりやすくなります。

集団を作るのは、人間の本能とみなされ、それ自体に問題はありません。また、自分の内集団の人に好意的になるのも、集団の結束を強める意味で有益でしょう。問題となるのは、外集団に対する感情です。

世の中の正義や倫理観は、多種多様で、絶対的な正しさというのはありません。しかし、内集団と外集団の意識が強くなりすぎると、自分の集団が正しく、異を唱える外の集団はすべて「間違っている」とみなしがちになるのです。

そこで争いが起き、戦争に発展することもあります。私たちは、いたずらに心を支配されることなく、自身の考えをきちんと持つよう、心理的なカテゴリー化の作用を、しっかりと知っておく必要があるのです。

「心の支配」が起こる要因とカテゴリー化

◆カテゴリー化がない状態

どこにも所属していない

こういうときは
どうすればいい？
あの人は敵？ 味方？
自分は一体何者？
不安

◆カテゴリー化されると

何らかのカテゴリー、集団に所属

所属団体の
決まりに従おう
あの人は
同じ集団の人だ
自分は◯◯という
集団の一員だ
安心・
楽になる

「カテゴリー化」により、心が支配される

- ●人は、心の中で「楽をしたい」という気持ちを抱えている
- ●人間は、本能的に、「分類したがる」「まとめたがる」という傾向が備わっている（カテゴリー化）
- ●カテゴリー化されることにより、安心感を得ることができ、気持ちが楽になる

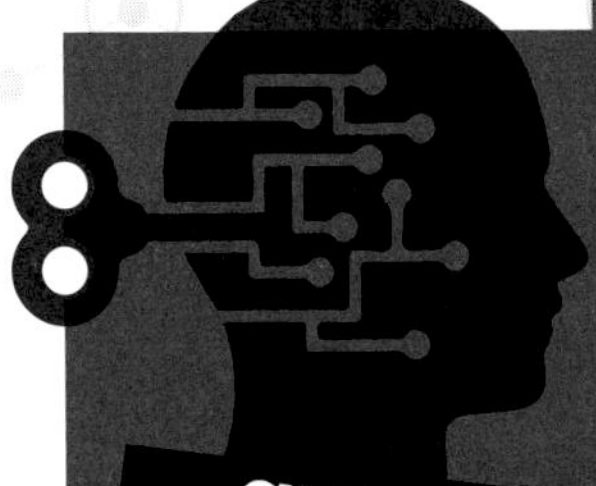

CHAPTER 1

03

破壊的カルトとマインド・コントロール

健全な宗教と破壊的カルトの違い

前章で述べた「集団」の中でも、支配目的に利用されるポピュラーな例が「①宗教」です。

宗教には、「教え（教義）」があり、「規律」があります。また、多くの団体が、しっかりと組織化されているのも特徴的です。

最近は、日本でも特定の宗教を持たない人も増えていますが、神社に初詣に行ったり、お盆などにはお墓参りをするなど、何かしらの宗教と関わりを持って生活していることでしょう。

本来宗教は、人を救済するためのものですが、過激な思想により、犯罪行為に走る団体もあります。いわゆる「②破壊的カルト」と呼ばれる集団です。

本来、宗教とカルトには大きな違いがあります。健全な宗教は、信者に対して安心感や自律を提供します。信じることによって心の平安が得られ、安心するのです。

---

①宗教とは、人間や自然を超越した存在についての価値観を、ほかの人と共有して活動する集団現象のこととされる。

②カルトとは、本来「比較的少人数で何かを熱心に信じている信者グループ」を指す言葉で、宗教とは限らない。

そして、そのような宗教は基本的に人を束縛することを目指してはいません。ただ、図らずもそうなってしまうこともありますので、注意は必要です。

一方、カルトは、自由を奪い、人を縛り依存させます。これは、知らないうちに人権を侵害していることになります。ただし、カルトを信じている人はそのことに気づきません。マインド・コントロールをされているからです。

実は、カルトには、よく使われる決まり文句があります。

「こうしなければ幸せになれない」「無視したり、従わなかったら地獄に堕ちる」「○○しなかったら、あなたも家族も救われません」

こういった、脅迫的なメッセージが必ずついてくるのです。

カルトの怖さはここにあります。不安な気持ちや恐怖心をあおり、集まって来た人を騙すのです。ここで考える必要があるのが、「信じる」と「騙される」の境目はどこにあるのかということです。

信じることで、気持ちが明るくなり人生をよい方向に持っていくことができれば、それを騙されたとはいえないでしょう。しかし、一歩間違うと、信仰することで大きな苦しみをもたらしたり、犠牲を強いたりすることもあります。その場合は、騙されていると考えたほうがよいかもしれません。

「暴力を振るわれた」「脅迫めいたメッセージが送られてくる」「本人あるいは家族の生活が危うくなっている」など、明らかに社会的正当性を欠いていれば、騙されていると考えていいですが、そうでない場合は、「信じている」ケースを「騙されている」と立証することは困難であると言えるでしょう。

一時的マインド・コントロールと永続的マインド・コントロール

カルトの集団は、大きくふたつの手段を用いて、信者を獲得します。それは、「一時的マインド・コントロール」と「永続的マインド・コントロール」です。

一時的マインド・コントロールは、人間の外見的な行動を操作しようとする技術で、言葉の通り一時的なものでしかありません。しかし、カルト以外のさまざまなところでも使われているものであって、マインド・コントロールの初期段階としては、比較的汎用された技術と言えます。[3]

このように、一時的マインド・コントロールによって、操作した相手に対し、団体側は、これを長く継続させようと考えます。ここでは、さまざまな手法を用いることにより都合の良いビリーフで満たして、意思決定過程におけるトップ・ダウン情報を操作していきます。これが永続的マインド・コントロールであり、これを続けることによって、長い期間、相手の心理や行動を支配することができるようになります。

---

③この場合、本人の内面的な状態を反映しているかどうかは問題ではない。あくまでも、行動そのものを変えるのが目的である。

健全な宗教と破壊的カルトの違い

◆健全な宗教

- 人間や自然を超えた存在についての価値観を共有する
- 教えによって安心感や自律を提供する

◆破壊的カルト

- 忠誠を尽くすことを求められる
- 自由を奪い、心を縛って依存させる
- 安心感は得られない

《破壊的カルトがよく使うセリフ》

「○○しなければ幸せになれない」

「従わなければ地獄に堕ちる」

「あなたの家族も大変なことになる」

一時的なマインド・コントロールから、
永続的マインド・コントロールへとつながっていく

- ●破壊的カルトは、健全な宗教とは違い、人の自由を奪い、人権を侵害する
- ●破壊的カルトは、言葉巧みに恐怖心をあおってくる
- ●反社会的で、公共の利益と福祉に反する活動をしていることが多い

COLUMN

SNSを使った勧誘

「賛美のシャワー」「愛の爆撃」に注意

ツイッターやフェイスブック、インスタグラムなど、SNSを利用している人も多いでしょう。世界中の多くの人と直接やり取りをすることができ、多くの情報を得ることができるため、非常に便利なツールであると言えます。しかし、一方でSNSを使って、悪徳商法やカルトに勧誘したりする例が近年増えているのです。

SNSというのは、同じ考えや嗜好を持った人が集まるように作られています。つまり、ネット上での集団づくりです。その集団にいる人は、価値観も一緒ですから、基本的には「そうだ！　そうだ！」としか言いません。すると、とても居心地がいいものになるのです。

一方で、SNSの世界では、人を攻撃することもたやすくできます。気に入らない意見や、納得できない出来事があれば、それに対する反論を簡単に書き込むことができるのです。そして自分を正義の使者や番人とみなし、「あいつを吊るし上げろ」「晒してしまえ」となれば、同じ価値観を持っている仲間たちも賛同します。これが、「炎上」の仕組みです。

とにかく気をつけなければいけないのは、「いいね」をもらうことだけに集中してしまうことです。インターネットの世界では、自分と意見が同じ人ばかりが集まってきます。その中でも、特に共感を覚えてくれている人が「いいね」をつけるのです。

「いいね」をされることは、とても気持ちのいいものです。自分が認められている、評価されているというバロメーターのように感じる人も多いでしょう。自分が孤独ではないと実感し、安心を得るための行動でもあるのです。

しかし、危険なのは、この「いいね」をよくないこと、具体的には自分たちの集団への勧誘に使う人たちがいることです。

ターゲットになりそうな人を見つけたら、その人の発信に「いいね」をつけ、とにかく褒めて褒めて褒めまくります。これを「賛美のシャワー」、「愛の爆撃」などと言います。これをされると、多くの人はとても気分がよくなり、褒めてくれた人に対する信頼感が高まってしまうのです。

現在、若い人を中心に、SNSで知り合った人と直接会うことに抵抗感がなくなってきています。もちろん、人と出会うためのツールとしてSNSを活用することは、悪いことではありません。ただし、最初から悪意を持って近づいて来る人も少なくないということを、常に頭に置いておく必要はあるでしょう。

CHAPTER 1

04

マインド・コントロールと洗脳の違い

「洗脳」とはなにか

マインド・コントロールと似たような意味で使われる言葉に、「洗脳」があります。マインド・コントロールと洗脳には明確な違いがあります。まずは、洗脳について説明していきましょう。

「洗脳」という言葉は、1950年代、アメリカ人ジャーナリストの①エドワード・ハンターが、「脳を洗う」という意味の中国語を「Brain-washing」と造語したのが始まりだそうです。

当時起こっていた朝鮮戦争のさなか、中国共産党はアンチ共産主義の人たちの思想改造を行って、従順な共産主義者に仕立てようとしていました。これが、洗脳という言葉が広まったきっかけです。

洗脳においては、まず、対象者を物理的に拘束します。そして、囚人生活を送らせる中で、殺されるのではないかという恐怖心を抱かせ、アイデンティティを崩壊

①彼は主に、朝鮮戦争においてアメリカ人の戦争捕虜が受けたとされる尋問と教化のパターンを指して名付けた。

させるような拷問[②]を加えるのです。

拷問を受けると、人は次第に拷問を回避するように行動が変化していきます。こうして、暴力的に思考を変えていくのです。

洗脳の過程で、対象となった人の頭の中では、どのような変化が起きているでしょうか。その過程が、「解凍・変革・再凍結」です。

まず、拷問などにより、個人のそれまでいだいてきた信念やアイデンティティを攻撃して崩壊させます(解凍)。次の変革の段階では、新たな信念やアイデンティティに関する情報を注入し形成させます。そして、最後の再凍結で、新たに形成された信念やアイデンティティを定着させるのです。

マインド・コントロールの象徴となったハースト事件

次に、マインド・コントロールについて見ていきますが、まずは、この言葉が広く知られる以前の、「ハースト事件」について説明します。

ハースト事件は、1974年にアメリカで起きました。当時、カリフォルニア大学バークレー校の2年生だったパトリシア・キャンベル・ハーストという女性が、共生自由解放軍(略称SLA)という集団に誘拐されたのです。

② 拷問の方法は、食事を減らすことや、睡眠不足、仲間による非難、独房での監禁など、多岐にわたる。

彼女の祖父、ウィリアム・ランドルフ・ハーストは新聞社の社長で、新聞王と呼ばれるほどの富豪でした。ＳＬＡは、ハースト家に対し、カリフォルニアの貧しい人々に必要な食料を提供することを要求したのです。要求を呑んだハースト家は、日本円に換算して12億円ほどの資金を提供しました。

目的を達成したＳＬＡは、誘拐から2カ月後、パトリシアを解放します。しかし、彼女は家に帰ることはなく、自身がＳＬＡに参加すると表明するのです。家族が心配する中、ＳＬＡは銀行強盗を行います。銀行の防犯カメラに撮影された映像には、仲間とともに自動小銃を構えるパトリシアの姿が映っていました。

翌年、パトリシアを含めたＳＬＡのメンバーが逮捕されます。パトリシアの家族は、彼女が拷問を受けるなどして洗脳されたのではないかと疑いました。そして、裁判で弁護士は無罪を主張して争ったのです。しかし、彼女が変わった原因は、洗脳のような強制を受けたとは言えず、他者からの影響を受けただけと判断され、③有罪判決が下されました。この事件で、パトリシアに使われたのが、マインド・コントロールであると言われています。

マインド・コントロールは、洗脳のように拷問的な手法を使うのではなく、嘘や隠ぺいによって情報をコントロールし、本人の現実感を変えていくものです。そのため、マインド・コントロールされた本人は、何かの力で考えを変えられたとは思わず、自分の意思でそのような考えになったと思い込むのです。

③後にマインド・コントロールが解けたパトリシアは、自分の行いを深く反省し、かつての自分を取り戻した。

洗脳とマインド・コントロールの違い

◆洗脳

- 長時間の拘禁、拷問などにより、精神構造を強制的・生理的に変化させる
- 生理的な錯乱状態に陥らせる

◆マインド・コントロール

- 物理的に身体的拘束を用いず、コミュニケーションの技法を用いる
- 本人や周囲の人に気づかれずに影響力をおよぼす

◆「ハースト事件」とは

- 1974 年に発生した誘拐事件が発端
- 大富豪の孫娘、パトリシア・キャンベル・ハーストが SLA という組織に拐われる
- 取引により、彼女は解放されるものの、SLA に参加、犯罪に加担する
- 誘拐の後、彼女の信念が変化したものとされ、「マインド・コントロール」と解釈された

- 「洗脳」とは、暴力的な手段を用い、恐怖心を持たせたところで、アイデンティティを崩壊させる
- 洗脳は、解凍・変革・再凍結の3ステップで行われる
- マインド･コントロールは、嘘と隠ぺいによって、情報をコントロールし、本人の意思を変える手段

CHAPTER 1

05

マインド・コントロールが変える5つのもの

理想、目標、因果、自己、権威が変えられる

これまで述べてきたとおり、マインド・コントロールでは、強制的な力を使わず、徐々に本人の現実感を構成するビリーフを変えていきます。

では、一体、感情や思考の中のどのような部分が変えられるのでしょう。

それは、一般に次の5つだとされています。

①理想……完成された個人、家族や社会の像
②目標……個人が歩むべき理想への道筋
③因果……歴史や出来事の摂理・法則、世界観・生きる意味や人生観
④自己……自分がいかなる存在でどうあるべきかという認識
⑤権威……誰が正しいことを言っていて、誰が間違っているのか

それぞれについて見ていきましょう。

まず1つ目は①理想です。実は、この項目については、比較的容易にできるとされています。なぜなら、**人間の理想というのは、世界の平和や繁栄、個人や家族の幸せというように、だいたい似ているからです。**一般的なユートピア思想のようなものを示せば、多くの人は同意することでしょう。

2つ目は目標です。**これは、理想を達成するための道筋のようなものです。**宗教的なものであれば、「いつまでに何人の信者を獲得するか」というようなことになります。理想を現実のものに近づけ、より具体的なプランを示します。目標を変えることによって、その人の向いている方向性を変えると言っていいでしょう。

3つ目は人生観や世界観といった因果です。誰しも、「人は何のために生きるのか」「死後の世界はどうなっているのか」などと考えたことはあるでしょう。マインド・コントロールでは、そういったことに対し、輪廻転生、解脱、②カルマの法則といったものを提示して、人生の意味を与えます。これが人生観です。そして、宇宙や生物の創造と歴史を説明し、今後どうなっていくかを展望します。これが世界観になります。つまり、**人の人生や、この世界がどうなっているのかを提示するのです。**

4つ目は自己です。3つ目までで、理想や目標、世界観を説明した上で、「では、今のあなたはどうでしょうか?」と問うのです。普通の人は、すぐに答えることはできないでしょう。**特に、少しでも宗教に興味を持ったり、何かしらの団体に接触したりする人は、今の自分自身に満足できていない人が多くいる**ので、なおさらで

---

①マインド・コントロールされる側が、すでに同様の理想を持っている場合は、このプロセスは省かれる。

②前世や現世での行いが、すべて自分に返ってくるという考え方。日本語では「業」と訳される。

す。そこですかさず、「まだ何もできていないあなたは汚れていてダメな人間です」「でも今、ここで目覚めて、言うとおりにすればあなたは変われます」と畳み掛けるのです。そこで、話を聞いている人は、希望を持ち、今の自分を一気に変えたいと思います。これこそが、自己の変革であり、勧誘者の狙いなのです。

５つ目は権威です。これまでのコントロールによって、「自分を正しく導いてくれる人」と「嘘を言って騙そうとしている人」を区別するようになっています。もちろん、あくまでも本人がそう思っているだけですから、客観的にどちらが正しいかは、また別の問題です。

そして、「自分にとって正しい権威者③」を信じると、**それに反対する人や異を唱える人たちのことを、迫害者や敵とみなすようになります。**この権威を信じることによって、マインド・コントロールは、ほぼ完成します。古い自分と新しい自分が、すっかり入れ替わってしまうのです。人や状況によって変わりますが、ここまでの５つを変えるのには、半年から1年かかると言われています。

ただし、自分の考えが新しくなったからと言って、古い自分が消えてなくなったわけではありません。古い自分は、動きを止めているかもしれませんが、新しい自分が間違っていたとなれば、また古い自分を動かすことができます。つまり、マインド・コントロールは、正しい手法さえ使えば、解くことができるのです。

---

③カルトであれば、教祖を始めとして、それを擁護する学者や著名人なども正しい権威に含まれる。

マインド・コントロールは5つのものを変える

1. 理想

●完成された個人、家族や社会の像

2. 目標

●個人が歩むべき理想への道筋

3. 因果

●歴史や出来事の摂理・法則、世界観・生きる意味や人生観

4. 自己

●自分がいかなる存在でどうあるべきかという認識

5. 権威

●誰が正しいことを言っていて、誰が間違っているのか

●マインド・コントロールによって、人は、理想、目標、因果、自己、権威の5つのものを変えられてしまう

●これらが変わることにより、古い自分と新しい自分の入れ替えが起こる

●マインド・コントロール後も、古い自分が消えてなくなるわけではない

CHAPTER 1

06 マインド・コントロール下で反社会的な行為を行うのはなぜか

☑ 外集団を「非人間化」「悪魔化」させていく

2項（12ページ）において、内集団と外集団について説明しました。自分の入ってしまったのが、破壊的カルトであった場合、「外集団」は一般の社会ということになります。マインド・コントロールをする集団は、得てしてそれを利用するのです。

自分たちの内集団を高く評価し、外集団を低く評価する心理は、〝敵〟を作るための格好の状態です。「自分たちの集団こそが高等で優れている。外の集団（社会）は意味がなく、価値がない」と貶め、差別します。さらには、「あいつらは人間じゃない、野蛮な奴らだ」というように、「非人間化」の認識まで作り上げるのです。

このような状態は、破壊的カルトに限らず行われることがあります。

2001年9月11日、米国同時多発テロ事件のあと、時のブッシュ政権はイラク、イラン、北朝鮮を「ならず者国家」「悪の枢軸」[①]と呼び、テロ支援をしているとして非難しました。これにより、国内の結束を高めることを狙ったのです。

①この考えにより、アメリカはイラク戦争に突入し、フセイン政権を倒した。しかし、戦争の根拠となっていた大量破壊兵器は発見されなかった。

このように、「非人間化」は、身近なところでも行われているのです。**「非人間化」がさらに進んだものが「悪魔化」です。ただ単に「人間ではない」と言っていたものが、「ほっておくと我々に危害を加える悪魔だ」となります。**

「武器を持って攻めてくる」「命や財産を脅かす」「滅ぼさないとこっちがやられる」というように、どんどんエスカレートしていき、「だから、自分たちの利益を守るためには先制攻撃しなければならない」というところに行き着きます。

これが、反社会的な行為を行っていくまでのプロセスです。しかし、これは正当な考えではなく、集団のリーダーもしくは幹部が、集団を維持したり、その団結を強くすることを目的として、「内と外」の線引きをうまく利用しているのです。

次に、このような行為が行われる場合、どのようなステップで、自分が加害者にされてしまうのかを見ていきます。

☑ 加害者にされる5ステップ

まずはじめに行われるのが、所属集団の単一化です。その人の、それまで所属していた集団での、すべてのアイデンティティを奪い取ります。財産や肩書き、職業など、すべてを捨てて出家させる[②]などがその例です。そうすることによって、本人にとっては、今いる集団が唯一の居場所であると考えるようになるのです。

---

②これは、マインド・コントロールの手段のひとつである、「情報の遮断」という意味でも有効である。

次のステップは、自己の没個性化です。各自の個人的アイデンティティを奪い去り、あくまでも、「集団の中の一メンバー」となっていくのです。「自分と仲間は一心同体」「リーダーの考えが自分の考え」などと考えるようになっていきます。

３番目は、他者の没個性化です。この場合の「他者」は、外集団の人を指します。それらを敵とみなし、その個人的アイデンティティを無視します。それまでの生活では、ひとりの人格ある人間とみなしていたものを、家族や恋人のような人でさえも、③大勢の集団を組織するひとりとしか考えなくなります。

その次が、先にも説明した非人間化です。敵を人間として下劣なもの、さらには家畜以下の存在と教えこみ、嫌悪感や敵対心をあおります。最後の仕上げとも言えるのが、悪魔化です。ここまでマインド・コントロールが進めば、人は身勝手ながら正義感を抱き、どんな残虐なことでもできるようになります。

これらのマインド・コントロールが可能になるのは、実は人間の中に潜んでいる「差別意識」をうまく刺激しているからだとも言えます。実は、差別というのは安心感や心地よさを感じさせるものでもあるのです。世界中で、戦争や紛争が絶えないのは、究極的にはこの差別意識によるものです。平和な状態というのは、それぞれの集団の差別が、うまくバランスを取り、お互い安心しあえる「凪」のような状態かもしれません。

---

③こう考えることにより、相手を攻撃したり、傷つけたりすることに抵抗がなくなる。

マインド・コントロールで“敵”を作るプロセス

内集団と外集団

外集団
- 自分たちの集まり以外の人たち、集団

内集団
- 同じ思想、信仰で結びついた集団

エスカレートすると、相手を
・非人間化
・悪魔化して見る

・否定的
・敵対的
な感情

加害者にされる5ステップ

1. 所属集団の単一化 → 2. 自己ー没個性化 → 3. 他者ー没個性化 → 4. 非人間化 → 5. 悪魔化

- 人間は、何かしらの集団に所属することにより、安心感を得ることができる
- 自分の所属する集団を「内集団」、それ以外を「外集団」と呼ぶ
- 外集団を敵対視することにより、非人間化、悪魔化する思想が生まれ、反社会的な行為を行うようになる

COLUMN

人民寺院事件

918人の死者を出したカルト団体

人民寺院（The People's Temple）は、1957年、教祖ジム・ジョーンズにより、米国インディアナポリスで設立されたカルトの団体です。愛と人種的平等、暴力のない世界などを説き、後に拠点をサンフランシスコに移して、勢力を拡大していきました。

しかし、組織が大きくなるにつれ、教祖ジョーンズの独裁と欺瞞に対する反発などから、離反者も増えていき、教祖自身が糾弾されるようになっていったのです。

危機感を覚えたジョーンズは、1973年、拠点を南米のガイアナ（旧英領ギアナ）に移し、密林の中に「ジョーンズタウン」というコロニーを建設、信者とともに集団移住しました。

しかし、元信者の告発などから、非難の声はますます大きくなっていきます。これを受けて、1978年11月、米国下院議員のレオ・ライアンが調査に出向きました。教団付の弁護士の立ち会いの下でコロニーを視察した彼は、そこで大量の武器を発見し、また、一部の信者が非人道的な生活を強いられていることも知ります。このとき、信者の何人かはライアン議員に助けを求めたといいます。

この調査による発見が、教団にとってまずい事態になると考えた教祖ジョーンズは、11月18日午後、信者らを使って、空港でライアン議員と数名の同行者を殺害させたのです。事件はそれだけでは終わりませんでした。事件発覚後の処罰をおそれたジョーンズは、ライアン議員が殺害された直後の17時、信者を集め、「人種的偏見とファシズムに反抗する」という大義名分で、彼らに革命的自殺を命じたのです。

命令を受けた信者たちは、青酸カリ、鎮静剤、鎮痛剤を果物味の飲料に混ぜた毒を飲んで、死亡しました。このとき、死にきれなかった信者は、治安員が殺害したといいます。この事件での死者は、教祖のジョーンズをはじめ、その妻や愛人、幹部、末端の信者まで含めて918人。中には276人の子どもも含まれていました。

この人数は、2001年の、アメリカ同時多発テロ事件が起きるまで、アメリカ合衆国で最も多い被害者数を出した事件でした。

そして、カルトという特殊な状況の中、教祖の指示にしたがって命をも失うという信じがたいこの事件は、現在においてもマインド・コントロールによって引き起こされたものとして、最もセンセーショナルなものと言えるでしょう。

CHAPTER 1

07

誰でもマインド・コントロールされる危険がある

「疑り深い」ことが安全ではない

ここまで、マインド・コントロールについての説明を見てきて、「危険なことはわかるが、自分は疑り深い性格だから大丈夫」と思っている人はいませんか？実は、その思い込みこそが、より危険な度合いを高めている可能性があるのです。**宗教などに対する人間の性格を、「心酔する」「疑り深い」「信じない」という3つのタイプに分けると、悪質商法①やカルトに一番騙されやすいのは、「疑り深い」人なのです。**

ではなぜ、疑り深い人が危険なのでしょう。疑り深い人というのは、まず話を聞いて、「おかしなところを指摘してやろう」「矛盾点を探してみよう」とすることが多くあります。しかし、その点では、騙そうとしている人の方が一枚上手です。勧誘の手口として、想定される質問には、矛盾なく答えられるように論理ができていますし、おかしなところについても、ちゃんと回答は準備されているのです。

---

①マルチ商法や詐欺まがいの売買など、悪意を持って商売をしている人は、マインド・コントロールの技術を使っていることが多い。

そこに重ねてくるのが、巧みな相手の言葉です。「やらなくてもいいんですよ。でも、本当だったらどうしますか。あなたの自由ですけどね」などと言って、ますます恐怖心をあおってきます。

そこで、何かよくないことが身に降り掛かってきたとしましょう。冷静に考えれば、悪い出来事というのは、②偶然の確率で必ず起こります。でも、そうなった時に相手は、「ほらみてごらんなさい」と畳み掛けてくるのです。

疑り深い人が信じてしまう背景には、このような心理的なしかけがあるのです。

☑「信じない」タイプも安全ではない

実は、「信じない」というタイプの人も安全ではありません。勧誘されたものを信じないという理屈が持てるのは、「信じない」というグループに所属しているからなのです。周囲の人たちと、「こんなの嘘だよね」と確認しあえればいいのですが、**ひとりになると取り込まれてしまう危険性があります。**

カルトの勧誘であれば、③家族から物理的に隔離したり、学校や仕事が終わったらすぐに施設に来るようにいい、夜までメンバーと一緒に活動をさせるなどの方法をとります。このような方法で、人間関係を狭めていけば、完全に取り込まれるまで、それほど時間はかからないのです。

---

②ことが起こったときに、「偶然起こった可能性もあるのでは」と自問してみることも、必要なことである。

③「出家」と称して、教団の施設で団体生活をさせるなどの事例がある。

もうひとつ、騙されやすい人の特徴があります。それは、「誠実な人」です。約束を守ったり、なにかしてもらったら必ずお礼をするなど、礼儀正しく誠実な人は、騙す側からすると非常に操りやすいのです。

騙す側が何かしてあげたり、気遣いを見せたりすると、「相手の気持に真面目に応えなければ」という意識が働いて、相手の術中にはまります。

そうやって、一度入り込むと、人はあとからおかしいことが出てきても、考えを変えなくなります。ある時期になると、あえて自分に都合の悪い情報を遮断するようになるのです。これを「確証バイアス」と言います。

もうひとつ、相手を信じ込ませるポイントがあります。それは、個人的リアリティと社会的リアリティの両方を合わせることです。個人的リアリティとは、自分が体験した事象です。たとえば、ある栄養ドリンクを飲んだあと、頭も体もスッキリした、と感じたとします。単なる偶然やほかの原因があってもここである程度、その効果を信じる気持ちが生まれます。そこに、誰かすごい影響力のある人や大勢の他の人から、「俺も飲んでいる。よく効く」という話を聞いたとします。これが、「社会的リアリティ」です。これで、「この栄養ドリンクは効果がある」という気持ちが確立されます。このように、マインド・コントロールをしかける人たちは、さまざまなテクニックを駆使してきます。「自分だけは大丈夫」などと考えずに、家族や周囲の人達の話を聞き、安易に信じ込まないよう注意しましょう。

マインド・コントロールされてしまう心理

疑り深い人

- いったん話を聞き始めると、反論しても逆にさらに反論され「そういうこともあるかもしれない」と思い、かえって逃げられなくなる
- 「どうするかはあなたの自由ですが、もし本当だったら大変なことですよね」と言われると、恐怖心をあおられる
- 実は、一番騙されやすいタイプ

信じない人

- 実は、「信じない」というグループに所属しているとも言える
- 一人にされて説得されると、信じてしまうこともあると自認している人
- マインド・コントロールについて詳しく理解している人

◆信じてしまう心理

確証バイアス … 都合の悪い情報が入ってこなくなる
個人的
リアリティ
（自身で体験したこと）
社会的
リアリティ
（信頼する周囲からの情報）
信じる気持ち

- どんなタイプの人でも騙される可能性はある
- 相手の気持に真面目に応えようとする、誠実な人ほど騙されやすい
- 確証バイアスや、個人的・社会的リアリティが揃うことによって、より信じやすくなる
- 「自分だけは大丈夫」と思い込まず、批判的な周囲の意見をよく聞くことが大切

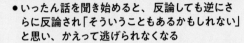

COLUMN

ザ・ウェーブ

学校の中で生み出された全体主義

「ザ・ウェーブ」は、1969年、アメリカ合衆国、カリフォルニア州のパロ・アルト市の高校で行われた心理実験です。

当時、その高校では、ある教師が、歴史の授業でナチス支配下のドイツにおける全体主義について教えようとしていました。彼は映画を見せて説明しましたが、学生たちは、ドイツの民衆がなぜヒトラーについていったのか、なぜ誰もナチスの行動を批判できなかったのかが、まったく理解できないという様子だったのです。そこで、その教師は、生徒たちに対してある試みを行います。生徒に「規律や集団が力を作り出せることを証明しよう」と提案し、先生に対する呼び方、質問のしかたや答え方、持ち物、姿勢などについて細かな規律を作り、軽いゲームのつもりで守ってみるように指導しました。

すると、生徒たちは、新たな規則を望み、競争心を持ってその規則に従いました。教師は驚きましたが、そこでやめることはせず、「規律の他に、共通の目的のためにはたらく共同

●「ザ・ウェーブ」で行われたこと

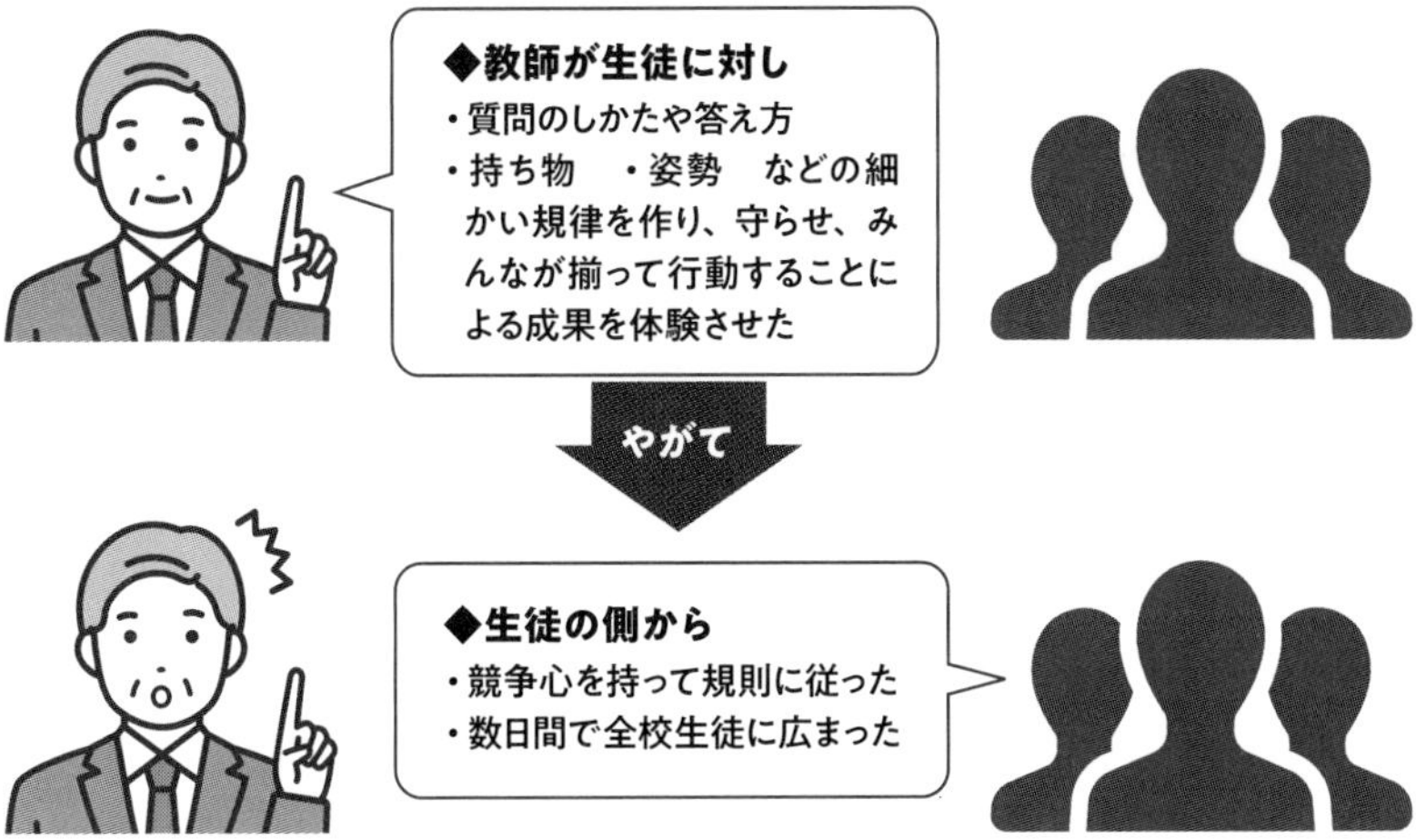

◆教師が生徒に対し
・質問のしかたや答え方
・持ち物　・姿勢　などの細かい規律を作り、守らせ、みんなが揃って行動することによる成果を体験させた
やがて
◆生徒の側から
・競争心を持って規則に従った
・数日間で全校生徒に広まった

体に参加しなくてはならない、この運動のことを『ザ・ウェーブ』とする」と話し、一層の統一感をあおったのです。この試みは、とどまるところを知らず、数日間で全校の生徒たちに浸透していきました。

彼らは、グループに入っていない人に対する優越感を得て、差別をし、攻撃をしました。

結局この教師は、メンバー全員を講堂に集め、もう一度ヒトラーの映画を見せ、自分たちのやっていることがナチスと同じであったことを示します。そして、誰でもが第二のナチスとなって、歴史が繰り返される危険性があると説明し、この取り組みは終了したのです。これは、高校生自身が、コントロールされているということに気づかなかったという点でマインド・コントロールのひとつの事例とされています。

インタビュー

マインド・コントロールをより深く理解するための

西田公昭先生の特別授業 1時限目

■マインド・コントロールと法的規制

――近年、改めて「マインド・コントロール」という言葉が大きな注目を集めていますが、長年研究されてきた西田先生は現在の状況をどのように捉えていますか。

まず安倍元総理の銃撃事件があって、国会でもマインド・コントロールという言葉が使われるようになりました。非常に大きな出来事だったと思います。

マインド・コントロールという概念自体は、日本では1990年前後から使われ始めて、私が最初に学術論文で出したのが1993年なのですが、当時はそんなのあるのかくらいの反応でしかなかったんです。もちろん、被害者を中心にかなり深刻な訴えは起きていたし、日本社会心理学会からは賞もいただいたのですが、この問題に強い関心を持っていたのはあくまで一部の人だけでした。ただ、そのあとの1995年にオウム真理教による地下鉄サリン事件があって、おそらくその段階で言葉としては日本国民の大半の人が知っているという風になったとは思うんです。かなり誤解もあったし、主に言葉のみの広がりだったと言えますが、少なくともマインド・コントロールという言葉を知らしめたことにはなったんですね。

それで2022年に安倍元総理の銃撃事件があって、再びマインド・コントロールが注目されているわけですけど、今回はその言葉の意味をもう少しきちんと深めて理解してもらいたいなと思うと同時に、こうした行為を野放しにしておくべきではなくて、なんらかの法的規制をかけるべき議論をするところに来ているのではないかと感じています。

30年前もマインド・コントロールを巡る裁判など起こっていましたけど、当時は行政はほぼ動かなかったんですね。それが、今回は政治家や行政の方々にもマインド・コントロールという言葉が届いたので、ようやくそういった議論ができる土壌ができたかのかなと感じています。

――マインド・コントロールによる事件は増えている印象があります。これは、昔からあったものが顕在化したのか、それとも近年実際に増えているのでしょうか？

ここ数十年というところを取ると、数的には変わっておらず顕在化した方が大きいという印象です。その背景としては、やはり1990年代にオウム真理教の事件があって、宗教の問題に限らず、さまざまな事件についてもそういう視点から見ることが増えていったことがあると思います。

特にこの30年の変化で言うと、私は最初に旧統一教会の民事訴訟でマインド・コントロールという概念を使い、それからオウム真理教の事件では被告人の弁護のために、この人たちも被害者側面もあるというポジションを取ったわけですけど、オウム事件以降の変化として検察側もマインド・コントロールの概念を使うようになったんですね。つまり、被害者がどうして甘んじて被害を受けたのか、あるいはなぜ物理的には逃げられたのに逃げなかったということなどの理論的説明として「心の支配が起こっていた」ということを主張するようになった。要は被害者の救済にこの説明を用いて、犯人側の罪を重くするというやり方です。このように検察側も「心の支配」という主張を行うようになったことも、顕在化した要因のひとつになっていると思います。

——被害者救済法の施行や宗教虐待についてのガイドライン（宗教の信仰等に関係する児童虐待等への対応に関するQ＆A）の通知など、宗教法人に関する対応も進んできましたが、今後取り組むべき課題としてはどのようなことが挙げられるでしょうか。

課題はいろいろあると思いますが、まず専門家の養成が挙げられます。カルトやマインド・コントロール関連の相談を受けたときに、きちんと対応できる人材がまったく不十分なんですね。もちろん、消費者相談員や臨床心理士を対象とした研修などは始まっていて、私も頼まれて講演をさせてもらったりもしたのですが、これが付け焼き刃的なもので終わらないようにしていかなければいけないですし、その対象についてもより広げる必要があると考えています。

たとえば、宗教や思想による虐待の場合で考えると、最初に発見するのは学校の先生とか、あとは児童相談所の職員といった方たちだと思うんですね。でも、こうした人たちに豊富な知識や勇気がないと、いくらガイドラインができても適切に対応できるのかは疑問です。これまでの行政のやり方で多いのは、とりあえず研修だけやるというもので、ひどい場合だと通達だけして終わりということもあります。もちろん、通達しただけでは絶対にうまくいきません。研修についても速効的な効果はありますが、果たしてそれが将来的に継続され、定着するだろうかというと不安が残ります。

一番いいのは、こういった職業の方が資格を取る際の必要要件にする、つまり国家試験の中に入れることです。私は本気でこの問題に取り組むのであれば、そのくらいの対応は必要だと考えています。同時に一般の人々に、こうしたトラブルや苦悩を抱えている人々がいることへの理解を浸透させていくことも大事であると思います。特に宗教二世の問題で顕著ですが、一般の人々はどうしても妙な同情心や偏見、あるいは差別的な行動をやってしまいがちですから、こうした理解の浸透を進めることが必要です。おそらくそこまで行かないと、根本的な問題解決にはつながっていかないと思っています。

――一連の報道によりマインド・コントロールの実態も広く知られるようになってきましたが、今後マインド・コントロールによる被害は減少すると考えられますか？

まだまだ他人事だと思ってる方が多いことと、マインド・コントロールに対するしっかりとした法的規制がないことを考えると、残念ながら今のままでは減少する可能性は低いと考えられます。実際、みなさんもまさか自分がそんな被害に遭うとは思ってらっしゃらないのではないでしょうか。この状態が続く限りは加害者側に利得をもたらすわけで、減っていくということはなかなか考えにくいのではないかと思います。

――今後、マインド・コントロールの研究が進んでいく中での一番の課題は、どのようなことでしょうか?

私はマインド・コントロールの〝行為〟と〝状態〟というのは、分けるべきだと思っています。たとえば、ある人が多額の献金をしたとして、それが本当に「本人の自由意志とみなせるもの」なのか、それとも「マインド・コントロールされた結果なのか」を客観的に判断することは、なかなか難しいわけです。もちろん、いろいろな証拠を集めればできないとは限りませんが、これはそう簡単なことではありません。

一方で相手を支配してやろうとするマインド・コントロールの〝行為〟については、比較的わかりやすい。ですから、そこについての規制はかけられるのではないかと思っています。たとえば、本書で取り上げているような事例などを対象として、これは個人の合理的な意思決定を妨害する行為、つまりその人の尊厳や基本的な人権を侵害する行為ではないのかという議論に持っていけるとは考えていて、そうした法的規制を議論していくことが、将来的な被害を減らすという意味でも今後取り組むべき課題であると思っています。

CHAPTER 2
事例で学ぶ
マインド・コントロールのメカニズム

CHAPTER 2

01 心に影響を与える6つの原理

☑ 相手の行動を操るための基本テクニック

第1章でも触れましたが、マインド・コントロールとは「コミュニケーションを駆使して、自分にとって都合のよい方向へと、相手の意志決定を誘導する心理操作」を指します。では、具体的にどのようなコミュニケーション術を用いて、相手の意思決定を誘導するのでしょうか。

社会心理学者のチャルディーニ①は、「相手を説得し、こちらが望むとおりの行動を導き出すための手法」には、大きく①返報性、②コミットメントと一貫性、③社会的証明、④好意性、⑤権威、⑥希少性の6つのパターンがあるとしています。これらは一般的なマーケティングでも用いられるなど、日常的にも見慣れた手法ですが、一方で破壊的カルトや悪徳ビジネスの組織などもこの原理を利用して、ターゲットを心理操作してきます。マインド・コントロールの罠に陥らないためにも、まずはこの6つのパターンについて理解しておきましょう。

①アメリカの社会心理学者であるロバート・B・チャルディーニ。アリゾナ州立大学の名誉教授。人が他者からの説得や要求を受け入れる際の心理メカニズムを研究し、それを6つのパターンに分類。その内容を著書『影響力の武器』で発表した。

☑ ①返報性

人には「他人から受けた恩は、返したくなる」という心理があり、これを「返報性」[②]と呼びます。人は自分だけが一方的に得をしている状態だと、相手に対して罪悪感を覚えるため、自然とこれを解消したいという心理が生じるのです。

いつも食事をおごってくれる先輩に対して、たまには自分がごちそうしようと考えたり、友人から誕生日プレゼントをもらったら、自分も相手の誕生日にお祝いを贈ろうとするのも、この返報性の原理によるものです。

破壊的カルトもターゲットとの関係性を築く上で、この返報性の原理を巧みに利用してきます。破壊的カルトのメンバーがターゲットに接近する際は、なにかと世話を焼いたり、相談に乗ったりと、非常に親切な人物として振る舞います。そうすることで、ターゲットはメンバーに恩を感じ、のちにセミナーへの参加や入信をすすめた際に、無下に断れない心理状態をつくり出すのです。

この返報性を応用したテクニックに「ドア・イン・ザ・フェイス」があります。これは、**最初にわざと大きな要求を提示し、相手がこれを拒否したら、譲歩する形で本来の目的である要求を伝えるというものです。**たとえば、最初に「教団に入信してほしい」という大きな要求を提示し、相手が渋ったら「じゃあ、一度セミナー

②返報性は相手の好意だけでなく、敵意にも作用する。たとえば、いつも嫌味を言ってくる相手には、こちらも同じような態度で接したくなる心理が働く。

だけでも参加して」と譲歩した要求を提案します。すると、相手には「自分の為に譲歩してくれたのだから、こちらもそれに応えなければ」という心理作用が働くため、はじめから本来の要求をお願いするよりも承諾してもらいやすくなるのです。

また、このとき勧誘された側には「知覚のコントラスト効果」と呼ばれる心理作用も生じます。これは最初に高い要求を提示することで、次に提示される要求が相対的に低く感じてしまうという心理的な錯覚のことです。このケースでは、最初に「教団への入信」というハードルの高い要求を行うことで、相対的に「セミナーに一度参加する」という要求が③受け入れやすい提案だと感じられるようになるわけです。

② コミットメントと一貫性

「コミットメントと一貫性」とは、「人は一度なにかを表明すると、その後も一貫性のある態度をとろうとする」心理のことです。

たとえば、あなたが友人から「ボランティアに興味がある?」と聞かれて、軽い気持ちで「興味がある」と答えたとします。そのあとで友人から「今度の日曜日に動物愛護のボランティアがあるんだけど、参加してくれない」と頼まれた場合、たとえ本心では面倒だと思っても、すぐに「参加したくない」とは言い出しにくいはず

③高額な壺や印鑑などを売りつける霊感商法でも「知覚のコントラスト効果」を使った手法が用いられる。たとえば、最初に1000万円という無茶な金額を要求したあと、今日は特別に200万円でいいと譲歩する。200万円でも十分に法外な値段だが、先に1000万円と言われたことで安く感じてしまう。

です。これは、**「興味がある」という意志を表明したことで、それと矛盾する行動をとることに対して④心理的な抵抗が働くからです。**

この原理を利用した交渉術に、「ロー・ボール・テクニック」があります。これは、最初に誰でも承諾してくれそうな小さな要請を出し、そこから徐々に新しい要請を加えていって、最終的に本来の目的である要請を快諾させるというものです。

実際、アメリカのある会社が庭に交通安全の大きな看板を建てさせてくれる家を探した際、最初から看板の建設をお願いするよりも、まずは安全運転の小さなステッカーを家に貼ることを許可してもらい、そのあとで看板の建設をお願いしたほうが、約3倍も承諾してくれる率が増えたというデータがあります。

破壊的カルトの勧誘では、一度訪問すると、帰り際に必ず次の訪問の約束を取りつけます。そして、電話やメールで念には念を入れられます。メンバーは「次も会う」というコミットメントを取りながら、会って雑談をする、セミナーや集会に一度だけ参加させる、勧誘話を聞かせる、臨時メンバーにならせる、そして最終的に正規メンバーにさせるといった具合に、小さな要請から大きな要請へと段階的にターゲットを取り込んでいきます。

---

④この原理が成立するのは、一般的に私たちの社会では一貫性のある人ほど評価されやすいということがある。

③社会的証明

「社会的証明」とは、周囲の多数が支持する意見や判断が正しいと思い込み、それに従ってしまう心理傾向のことです。

たとえば、A社とB社のどちらの商品を購入すべきか決めあぐねているときに⑤、A社に「売り上げナンバーワン」「業界シェア首位」「顧客満足度10年連続1位」といったデータがあると、「とりあえずA社を選択しておけば間違いないだろう」と考えがちです。これは、**多くの人が購入しているということは、それだけの価値があるに違いないとの判断が働くからです。**

この社会的証明は、マルチ商法などの勧誘でも利用されます。彼らは「うちのサークルはこの業界でも会員数が一番多い」「月収100万円を稼いでいる人もたくさんいる」「あなたと仲のいい○○さんもやっている」など、いかに自分たちのビジネスが支持されているかを力説し、ターゲットに「だったらやってみよう」と思わせるように仕向けます。

④好意性

人は好意を向けてくれる相手に対しては、好意的な行動を返しやすい性質があり

---

⑤社会的証明は自分の判断に自信がない場合や、適切な判断ができない場合により強く影響する。

ます。相手への好意を示すシンプルな方法が、「褒める」という行為です。

人は誰しも「社会で認められたい」という承認欲求を持っており、「他人から褒められる」という行為は、これを存分に満たしてくれます。そのため、その人からなにかお願いをされると、つい引き受けてしまいやすくなります。

破壊的カルトの勧誘でも、「あなたはすばらしい人だ」「とてもすてきだ」など、相手を褒めちぎる手法が用いられることがあります。こうして存分に好意を示すことで、相手に⑥こちらの頼みを受け入れやすい心理状態へと誘導していくわけです。

また、好意の獲得は接触頻度とも深い関わりがあり、できるだけ回数を多く、長い時間接触するほど、相手からの⑦好意を得やすくなります。そのため破壊的カルトのメンバーは、こまめにターゲットと連絡を取り、食事や遊びに誘うなど、一緒にいる時間をできるだけ長くするように心掛けます。

⑤権威

人は肩書や地位など、なんらかの権威を持つ人の意見や指示には深く考えずに従いやすい傾向があります。とくに深く内容を吟味できないときや、理解できないときはこの傾向が強くなります。たとえば、医者の出した処方箋を疑う人はまずいませんし、健康食品に「○○学会推奨」などと書かれていれば効果のあるものだと感

⑥当然だが、身体的な魅力を持った異性からの好意性はより効果を発揮する。デート商法はこれを存分に利用した悪徳ビジネスである。

⑦アメリカの心理学者ロバート・ザイオンスが提唱した心理効果で、「ザイオンス効果」や「単純接触効果」と呼ばれる。

じてしまいます。

破壊的カルトでも組織メンバーには有名大学出身者が多い、政界や学術界の大物も組織のことを高く評価している、芸能人や有名アスリートもこの活動に賛同している、組織の代表は世界中の著名人との親交が深いなどと吹聴して、自分たちの組織がいかに権威ある人から支持されているかをアピールします。

⑥希少性

人には「限られたものほど価値を感じる」という心理があります。数量限定、期間限定、地域限定など[⑧]「今このタイミングを逃したら、二度と手に入らないかもしれない」と思うと、途端に魅力的に映るものです。また、特別な条件をクリアした人だけが加入できるサービスや、会員だけのプレミアムな特典といったものもこうした希少性を高めるための方法のひとつです。

破壊的カルトの勧誘では「あなたは特別に選ばれた」「神のお導き」などとアピールしますし、マルチ商法などの悪徳ビジネスでも「こんなチャンスはもうない」「限られた人にだけ紹介している」など、希少性を強調してターゲットの興味をひき、高額な商品やサービスを契約させようとします。

---

⑧老舗のお店が店じまいすると発表すると、途端に大勢のお客さんが足を運ぶようになるのも同様の現象である。

心理的な6つの原理原則

①返報性

人からなんらかの恩恵を受けたら、お返しをしなければならないと考える原理

②コミットメントと一貫性

一度なにかを決定して立場を表明すると、その立場と一貫した行動をとりたいと考える原理

③社会的証明

自分の判断よりも周囲の多数の判断のほうが正しいと思い込んで、それに従った行動を取りやすくなる原理

④好意性

自分が好意を抱いている相手からの意見や頼み事は受け入れやすいという原理

⑤権威

肩書や地位など、なんらかの権威を持つ人の意見や指示には深く考えずに従いやすいという原理

⑥希少性

手に入りにくくなればなるほど、それを得る機会が貴重と思えてくる原理

COLUMN

ミルグラム実験に見る服従の心理

人は権威に命令されると残酷な行為でもしたがってしまう？

人がどれほど権威に弱いかを示す代表的な研究として、社会心理学者のスタンリー・ミルグラムが行った実験があります。

まず「学習における懲罰の効果に関する研究」という名目のもと、参加者が集められます。参加者は教師役と生徒役のペアに分かれ、別々の部屋に通されます。部屋にはマイクとスピーカーがあり、お互いの姿は見えませんが声は聞こえる状態です。

次に教師役は、生徒役が問題に不正解するたびに、手元にある装置のボタンを押して生徒役に電気ショックを与えるよう指示されます。ボタンは15ボルトから450ボルトまで30段階あり、それぞれのボタンの下には電圧の数字とともに「軽微な衝撃」「強い衝撃」「危険」といった文字が記されています。最大の450ボルトには「XXX」と書かれており、命の危険もあることを匂わせるものとなっています。

実験がスタートすると生徒役はことごとく問題に不正解し、そのたびに研究者はより高い

●ミルグラム実験の概略図

研究者
教師役（被験者）に電気ショックのボタンを押すよう指示する
教師役（被験者）
生徒役が解答を間違う度に電気ショックのボタンを押すよう指示される
電気ショック発生装置
（15～450Vまで30段階の強さの電流が流れる）
生徒役（しかけ人）
実験の協力者。わざと解答を間違え、電気ショックで痛がる演技をする

電流を流すよう教師役に命令します。生徒役の悲鳴はどんどん大きくなり、やがて「もうやめてくれ！」と懇願するようになりますが、研究者は「責任は我々がとる」と告げ、実験を続行するよう教師役に命じます。

実はこの実験は「人は研究者という権威に命令されると、たとえそれが残酷な行為であっても服従してしまうのか」を調べるためのものでした。生徒役は実験の協力者で、実際には電流は流れておらず、痛がる演技をしていただけです。この実験は最初40名に対して行われましたが、半数以上の26名が命じられるまま、命の危険もある最大の450ボルトまで電流を流し続けました。そして何度も追試が重ねられました。この実験からも権威に命じられると、人は容易に服従してしまうことが明らかとなったのです。

カルト宗教（破壊的カルト）

破壊的カルトによるマインド・コントロールの手法

オウム真理教の事件以降、マインド・コントロールの危険性は広く知られるところとなりましたが、令和になった現在も破壊的カルトによるマインド・コントロールの被害はなくなってはいません。第三者から見ると、なぜ破壊的カルトのような怪しげな団体にのめり込むのだろうと不思議に思うかもしれませんが、破壊的カルトにハマる人の多くは、最初からそれが危険な団体であると認識していたわけではありません。むしろ、気の合ういい仲間たちと出会えたと思っていたら、実はそこがカルトだったというパターンが多いのです。破壊的カルトは宗教団体とは限らず、自己啓発や教育的なセミナー、政治団体を標榜することもあります。

では、破壊的カルトは具体的にどのようにして信者を勧誘し、マインド・コントロールするのでしょうか。ここでは、その手口について宗教を標榜するカルトを例にして解説していきます。

最初のステップは「対話の基盤づくり」です。ターゲットと初めて接触する際、破壊的カルトの多くは正体を隠し、スポーツサークルやボランティアサークル、料理教室、友人作りの交流会といった別の活動目的や団体名を偽って近づきます。

たとえば、新入生を狙った①大学での勧誘活動では、キャンパス内で「アンケートをお願いします」などと声をかけて近づき、「一度サークルに参加してみない？」と誘います。この段階では宗教の話は一切出しません。そのためターゲットは警戒感なく、誘いに応じてしまいやすくなります。そして破壊的カルトの巧妙なところが、勧誘する前に親密な人間関係を構築してくる点にあります。ある破壊的カルトでは、勧誘に当たってはターゲットに対して親切と誠意を尽くすことや、相手への称賛や賛美を行うようにといった指導が行われています。そのため、サークルに参加したターゲットはメンバーから大歓迎を受けますし、なにか困ったことがあればみんな親切に教えてくれます。また、ターゲットがなにか意見や提案をすると、「それはいいアイデアだね」「さすがだね」や「意識が高いね」と②やたらと褒めてくれます。

そんな環境に置かれたら、誰でも「いいサークルに入った」と思うことでしょう。つまり、ターゲットにとって非常に居心地のよい場所となるのです。のちに宗教団体だとわかっても抜け出せない理由のひとつがここにあります。実際、破壊的カルトの元信者の多くが「こんなに優しく、大切にされたことはなかった」と証言しており、どれだけちやほやされるのかを窺い知ることができます。

---

①新入生が入る4月はさまざまなサークルがキャンパス内で勧誘活動を行っており、破壊的カルトもそれに紛れて勧誘を行いやすい。被害に遭う学生も少なくないことから、注意喚起を行ったり、相談室を設けるなどの対策を行っている大学もある。

②こうした手法は「返報性」や「好意性」の原理を利用したテクニックで、ターゲットからの信用を得ると同時に、のちのち入信を説得する際に相手が断りにくくする効果を狙ったもの。

ターゲットの弱みをついて勧誘する

十分にターゲットとの関係性を築いたら、いよいよ③入信の勧誘へと進みますが、ここでは「解決困難な問題をつき付ける」「解決策を見せて魅了する」「教義を体系的に確信させる」という3つのステップが実行されます。

まずはターゲットに本人が抱えている解決困難な問題をつきつけ、「このままでいいの?」と問いかけます。将来への不安、孤独感、家庭での悩み、仕事や会社への不満、自身の性格に関するコンプレックスなど、人は誰しも自分だけでは解決できないなんらかの問題を抱えているものです。破壊的カルトのメンバーは、ターゲットと接する中でそれとなく相手が抱えている不満や悩みといった情報を聞き出しておき、それを巧みに利用して、**「その悩みはあなたにこういう問題があるからだ。今解決しなければならない」「このままだと不幸になる」などと告げて、ターゲットの不安や恐怖心をあおります。**

そうしておいて、「それを解決する方法がある」と言って、自分たちが信じている団体の教義がいかにすばらしいものかを説きます。たとえば、「今のあなたはダメなところだらけだが、この教義に従って行動すればすごい人になれる」とか「運命を変えて夢を叶えることができる」などと言って、あたかも人生のさまざまな問題に対して、非常に有効に働く意思決定の道具であるかのように錯覚させます。

---

③入信の勧誘はすぐに行われるとは限らず、失恋や離婚、親しい人との死別、大きな失敗や挫折など、ターゲットが精神的に弱ったタイミングを狙ってしかけてくるケースもある。

さらに、実際にこんなメリットがあったという実体験や、権威的な専門家などが認めているといった情報を提供して、教義を体系的に確信させていきます。もちろん、周囲にいるほかの信者たちも、全員が「この教義はすばらしい」と口を揃え、満場一致でターゲットの入会に賛同します。**人というのは、最初は「それは違う」と思っていても、その場にいる全員が「これは正しい」と告げると、その考えに強く影響されてしまうことがわかっています。**

さらにやっかいなのは、信者たちはターゲットを騙そうなどとは思っておらず、「相手のためになることだ」という純粋な厚意から勧誘を行っているということです[④]。つまり、彼らの言葉には、ある意味で嘘がないのです。そのため、最初は疑っていたターゲットも少しずつ「ひょっとすると本物かもしれない」と思うようになります。そして、最後の一押しとなるのが「活動してみればわかる」という言葉です。これによりターゲットは「もしダメなら辞めればいい」と安易に考えて入信を決断してしまうことになるのです。

☑ 後戻りできない環境に追い込んで支配する

次のステップは「教義の日常的な実践」です。入会したターゲットは、礼拝や修行などの儀式的な行動、資金調達のための活動、新たな信者の勧誘と心身ともに

---

④末端の信者の大半はマインド・コントロールされているため、教団の言うことを本気で信じていることが多い。

⑤ハードな日々を送らされます。そして、よい出来事が起きるとしたがった活動へのご褒美、悪い出来事が起きると不信仰への罰だと、教義に沿って意味づけされてリアリティを高めます。

また、活動を続けていくにつれて、自然とそこで果たす自分の役目が自覚され、新たなアイデンティティが獲得されていきます。すると、一般社会からは逸脱とみなされる活動でも、集団の規則に沿うことだけを意識するようになってしまい、非常識な自分に麻痺していきます。信者たちはそんなターゲットを強く褒め称える一方で、以前の生き方を堕落したものと厳しく批判し、どんなことにも集団リーダーの指示に従い、その意識を忖度することが正しい生き方だと迫るのです。そして、**脱会したら地獄に落ちるといった恐怖を与えて二度と戻らせないように仕向けます。**

そして、最後のステップとなるのが、ターゲットに「経済的・社会的資源を放棄させて元の生活に戻れなくさせる」ことです。具体的には、全身全霊で活動するべきだと言って仕事や学校を辞めさせる、今の家を出て信者との⑥共同生活をさせる、友人や家族との支持的な交際をやめさせる、多額の財産を献金させるといったことが挙げられます。**こうして帰る場所や経済的な手段を失わせることで、ターゲットは「もはや後戻りはできない」と思うようになり、破壊的カルトによって永続的に支配され続けてしまうことになるのです。**

---

⑤長い時間を活動に従事させることで、教義の矛盾といった誤りを指摘する情報獲得の機会を減少させ、逆に思想の正しいことを証明する機会を増やす。また、つねに身体的疲労を与えることで判断力を低下させた状態に置く。

⑥共同生活をさせ、信者以外の人との交流を絶たせることで、外部からの情報を遮断し、自分たちに都合のいい情報のみを与えられる状態に置く。これにより、マインド・コントロールが強化される。

破壊的カルトによるマインド・コントロールの6ステップ

① 温かな人間関係を築き対話の基盤を作る

いつでも相談に乗るよ
いい人だなあ

② 解決困難な問題をつきつける

このままだと悪いことが起きるよ
ええっ!?

③ 一見鮮やかな解決策を見せて魅了する

この教義を実践すれば運命を変えられるんだ
マジで?

④ 教義を体系的に確信させる

○○さんもそれで幸せになったよ
やってみようかな

⑤ 教義を日常的に実践させる

がんばっていてすばらしいね
褒められてうれしい

⑥ 経済的・社会的資源を放棄させて元の生活に戻れなくさせる

仕事も辞めてもっと活動に力を入れよう
たくさん献金します

CHAPTER 2

03 テロ組織

テロリストに生まれるのではなく、テロリストは作られる

人はマインド・コントロールされると、殺人や暴力といった重大な犯罪行為でさえも、他者の命令に従って実行してしまうことがあります。たとえば、教祖の命令に従って「地下鉄サリン事件」などのテロ行為を起こしたオウム真理教の信者たちは、**最初から反社会的な行為をも厭わない過激な思想を持っていたわけではありません。もともとはごく普通の倫理観を持つ、善良な市民でした。しかし、メンバーの一部ですが教団によってそうした犯罪行為ですらも「正しいこと」という思想を植えつけられたことで、重大な犯罪行為を実行するに至ったのです。**

これは、自爆テロや無差別テロなどを起こすテロリストについても同じことが言えます。社会に不満を抱えていたり、ちょっとした心理的なつまづきを経験した青年をつかまえて、洗練されたマインド・コントロールを施すと、相当な比率の青年が、暴力行使をも厭わない「兵士」になるのです。

たとえば、①アルカイダでは伝統的にリクルーターがモスク、学校、スポーツクラブなどで若者に狙いを定めて声をかけて、スカウトする手法がとられていました。リクルーターは、見込みがありそうな若者を見つけると、定期的に訪問して②親密な関係性を築きます。同時に組織の思想を聞かせて、相手が社会に対して抱いている不満や不平等感を刺激します。そうやって少しずつ自分たちの思想に染め上げ、最終的に組織の一員へとスカウトするのです。また、近年ではインターネットを活用したリクルートも活発化しており、③ＩＳＩＬはウェブやＳＮＳ、ＹｏｕＴｕｂｅなどによるプロパガンダを駆使して、大勢の外国人を戦闘員としてスカウトしたことで知られます。

イスラム過激主義などの武装組織がコンスタントにテロ事件を起こすのは、現地に生まれついたテロリストの人材が豊富にいるからではありません。**彼らは新たにリクルートしてきた新人を、独自の教育――すなわちマインド・コントロールによって立派なテロリストへと仕立て上げているのです。**

☑「英雄」として自爆テロを遂行せざるを得ない状況に追い込む

スカウトされたテロ組織の新人メンバーたちは共同生活をさせられ、そこで徹底した思想教育と武装訓練が行われます。そこでは集団メンバーであることが非常に

---

①イスラム原理主義に基づく国際テロ組織。「反欧米」「反イスラエル」「反キリスト教」などの思想を掲げ、２００１年のアメリカ同時多発テロなどを実行した。

②リクルーターは定期的にターゲットを訪問しては、体調を気遣ったり、悩みなどの相談に乗ったりするなどして親密な関係性を築く。これは「返報性」の原理を利用したテクニックと言える。

③レバノン、アフガニスタン、パキスタン、リビアで活動するイスラーム過激派組織。イスラム国（ＩＳ）と自称している。

価値の高い存在であると意味づけされ、エリート意識やメンバーであることの名誉や誇りといった自己愛が極端なまでに高められます。また、テロの対象となる外集団に対しては、自分たちへの迫害や攻撃を行っていると吹聴し、敵意・軽蔑・冷笑・憎悪といった否定的な感情をいだくように方向づけられます。

また、自爆テロについても決行を促すための巧妙な心理操作が行われます。まず、イスラム過激主義の武力勢力では、**自爆テロはジハード[④]による殉教とされ、決行すれば神に祝福されて天国への道が約束されると教え込みます。そして、「英雄になれる」とそそのかし、自爆テロに志願するよう説得します。**

説得を受け入れて志願を決意すると、その瞬間から「後戻りできないようにする」ための環境づくりが行われます。志願者はともに訓練してきた仲間たちから口々に激励され、彼の家族も英雄を排出した家として称賛を浴びます。

また、彼のための記念碑が建てられたり、崇拝する指導者との食事会などが催されたりするほか、死後に公開する「遺言ビデオ」の撮影も行われ、自らの決意が揺るぎないものであると表明させられます。つまり、今さら「止めたい」とは口が裂けても言い出せない環境へと志願者を追い込むのです。

貧困や格差など社会に対して不満を抱えている人にとって、テロ組織が掲げる思想は、ときに魅力的なものに映るかもしれませんが、その内部ではこうしたマインド・コントロールが行われていることも理解しておく必要があるでしょう。

④神の道のために努力すること。異教徒との戦いを指す場合にも使われており、日本では「聖戦」と訳されることが多い。

テロリストを生み出す二元思考

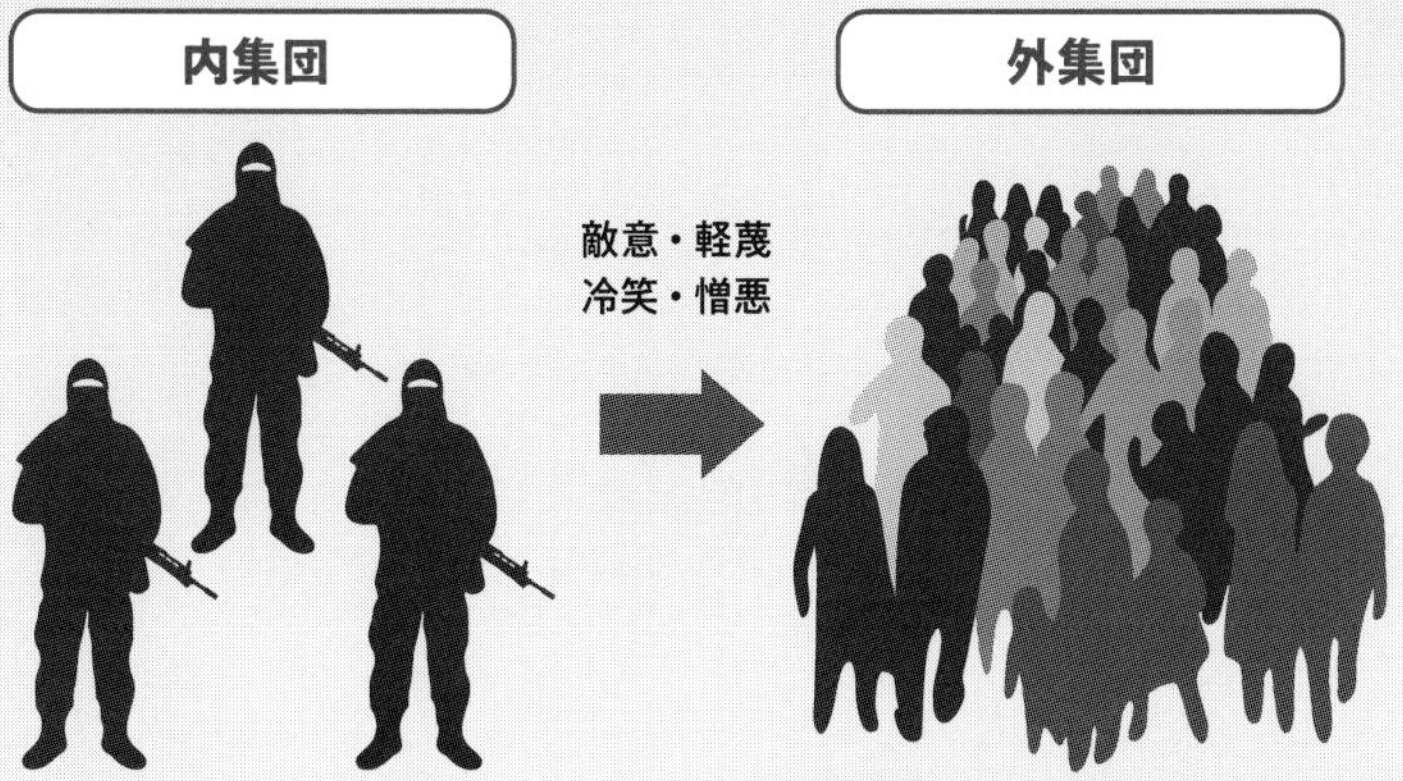
内集団
外集団
敵意・軽蔑
冷笑・憎悪

- 自分たちは優れた集団である
- 自集団の行動は常に正しい
- 自集団を批判する者は悪である

外集団に対する偏見は①誹謗②回避③差別④攻撃⑤絶滅の順に強い否定行為となって実現される

◆操作を完了したテロリストの心理

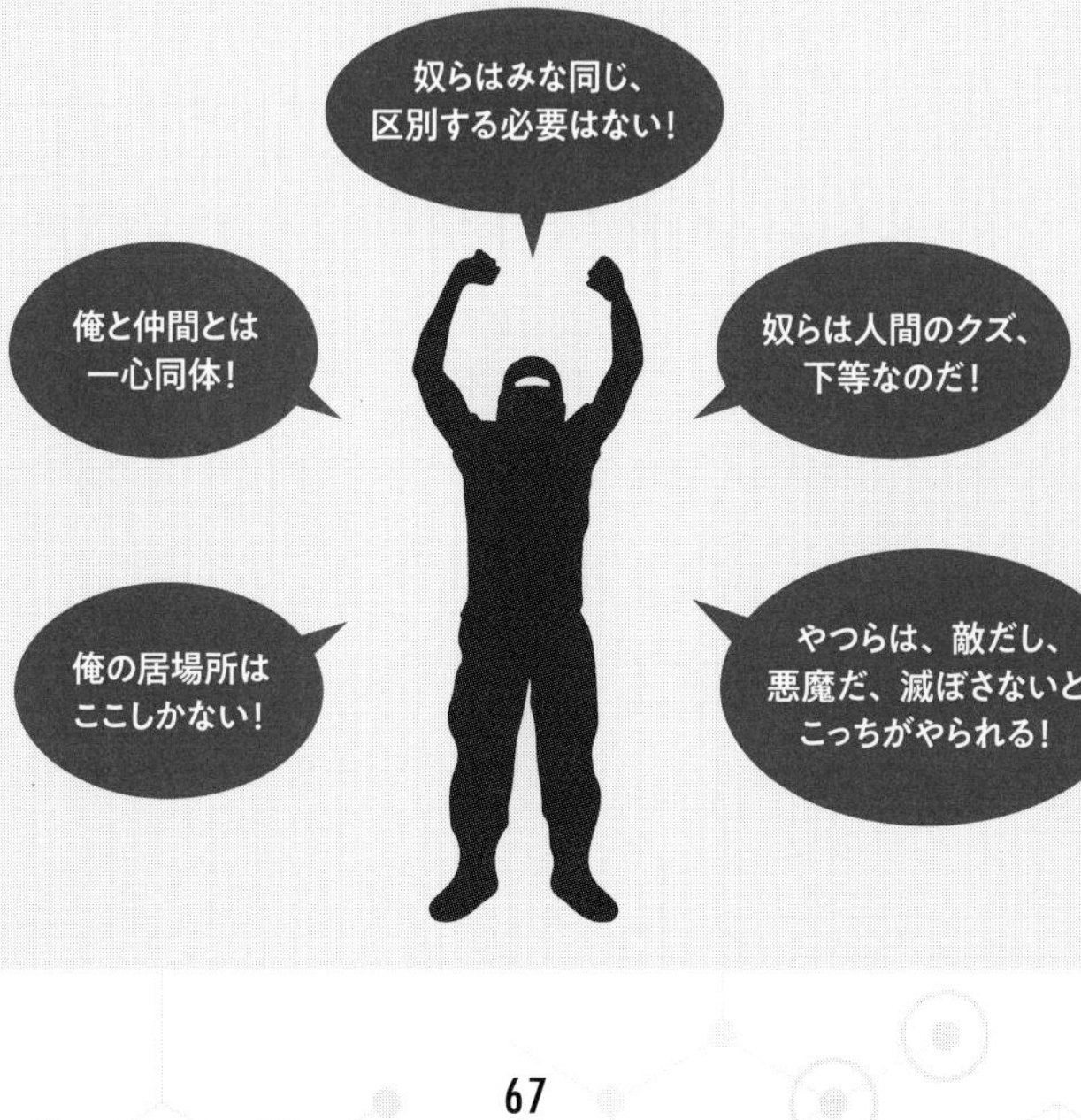
奴らはみな同じ、
区別する必要はない！
俺と仲間とは
一心同体！
奴らは人間のクズ、
下等なのだ！
俺の居場所は
ここしかない！
やつらは、敵だし、
悪魔だ、滅ぼさないと
こっちがやられる！

CHAPTER 2

04

マルチ商法

勧誘の連鎖により組織を拡大

①マルチ商法とは、典型的には健康食品や化粧品といった商品の販売組織に加入したうえで、**仕入れた商品を他の人に売る、または友人等を勧誘して新たに組織に加入させると、マージン等の利益を得られるという形態のビジネスです。**

多くの友人を勧誘して組織に加入させ、定期的に商品を仕入れ購入させれば、その度に自分にマージンが入ってくるため、うまくいけば大きな利益を得ることができます。さらに、自分が勧誘した友人が、新たに別の友人を勧誘した場合も自分にマージンが入る仕組みとなっており、勧誘された人が新たに別の人を勧誘し、その人がまた別の人を勧誘するということが連鎖的に続けば、多額のマージンが入り続けることになります。つまり、このビジネスで儲けるためのポイントは、①自分を頂点としたピラミッド型の巨大な加入者ネットワークを構築する、②彼らに定期的に商品を仕入れさせる、という2点になるわけです。

① 「マルチ商法」というとイメージが悪いためか、最近では「ネットワークビジネス」と呼ばれることもある。

そのため詐欺的なマルチ商法の組織は、巧妙な手口を用いて勧誘を行い、加入者に「今は成果が出ていないが、がんばれば必ず成功する」という幻想をいだかせて、永続的に商品を購入させ続けるように仕向けてきます。

☑「ABC勧誘」を駆使してターゲットを誘いこむ

マルチ商法でよく用いられるのが、「ABC勧誘」です。Aはアドバイザー（説得役）、Bはブリッジ（仲介役）、Cはカスタマー（勧誘のターゲット）の略で、AとBが協力してCを組織に勧誘するという構造となっています。

具体的には、まずブリッジ役が街頭や街コンなどでターゲット（カスタマー）になりそうな人物に声をかけて、連絡先を交換します。この段階ではマルチ商法の勧誘という本来の目的は告げず、単なる友だちづくりを装います。

その後、食事に誘うなどして②親交を深めつつ、ターゲットの③夢や悩みを聞き出します。その上で、「その夢を叶えることができるかも」「悩みを解消できるかも」などと告げ、「すごい人がいるからぜひ会ってみてほしい」と言って、組織の加入者が集まるパーティーなどに誘います。

ターゲットがパーティーに行くと、そこで組織のリーダーであるアドバイザー役の人物を紹介されます。アドバイザー役はブリッジ役から得た情報をもとに、ター

②ブリッジ役の行動は、アドバイザー役の指示に従って行われる。また、ここで得たターゲットの情報はすべてアドバイザー役に報告される。

③すぐに勧誘するのではなく、まずは友人関係を築くのは「返報性」の原理を利用するための行動と言える。

ゲットの欲望を刺激する言葉をかけます。たとえば、ターゲットが仕事に不満を持っているなら、「独立してビジネスをすれば自由が得られる」「そのための勉強を今から始めよう」などと告げ、自分たちが行っている④ビジネスの組織に入れば、そのノウハウを学べると説きます。また、「月収100万円以上稼いでいる人も大勢いる」といった⑤成功例を紹介したり、アドバイザー自身の豪華な暮らしぶりの写真を見せたりして、ターゲットに「この人についていけば、成功できるかもしれない」という幻想をいだかせます。

そして、ターゲットが十分にその気になったら、まずはセミナーへの参加や「将来のための人脈づくり」といった名目での勧誘活動を行うよう指示します。こうした活動を数カ月行うと、今度は「成功するには自己投資が必要」「大きなお金を動かす練習」といった理屈で、毎月数十万円分の⑥商材を購入することを推奨されます。さらに「個人事業主としての感覚を養うため」といって、仕事を辞めて派遣やフリーターになるよう促されます。これは、新規メンバーを勧誘するための時間をより多く確保するためです。

もちろん、その後どれだけ熱心に活動しても一向にビジネスで成功する兆しは見えませんが、**すでに大金を投じ、仕事も辞めてしまった以上、ターゲットはもはや後戻りはできません。むしろ、ここで辞めたらこれまでの努力が無駄になると考え、ずるずると⑦深みにハマっていくことになるのです。**

---

④詐欺的なマルチ商法の組織では、自分たちの団体に具体的な固有名詞をつけず、単に「集団」や「グループ」などと呼称し、SNS上での悪評などが目につきにくいようにしているケースもある。

⑤これは「社会的証明」の原理を狙ったもの。多くの人が成功していることを告げて、ターゲットに組織に参加することは正しいと判断させる。

⑥毎月、商材を購入させることでアドバイザーは永続的に利益を得ることができる。また、仲介役となったブリッジにはマージンが支払われるため、積極的に新たなターゲットを探すようになる。

⑦始めたことは最後までやり通したい「一貫性の原理」や、損したことを認めたくない「認知的不協和」といった心理が関係していると考えることができる。

マルチ商法の手口

◆ABC勧誘

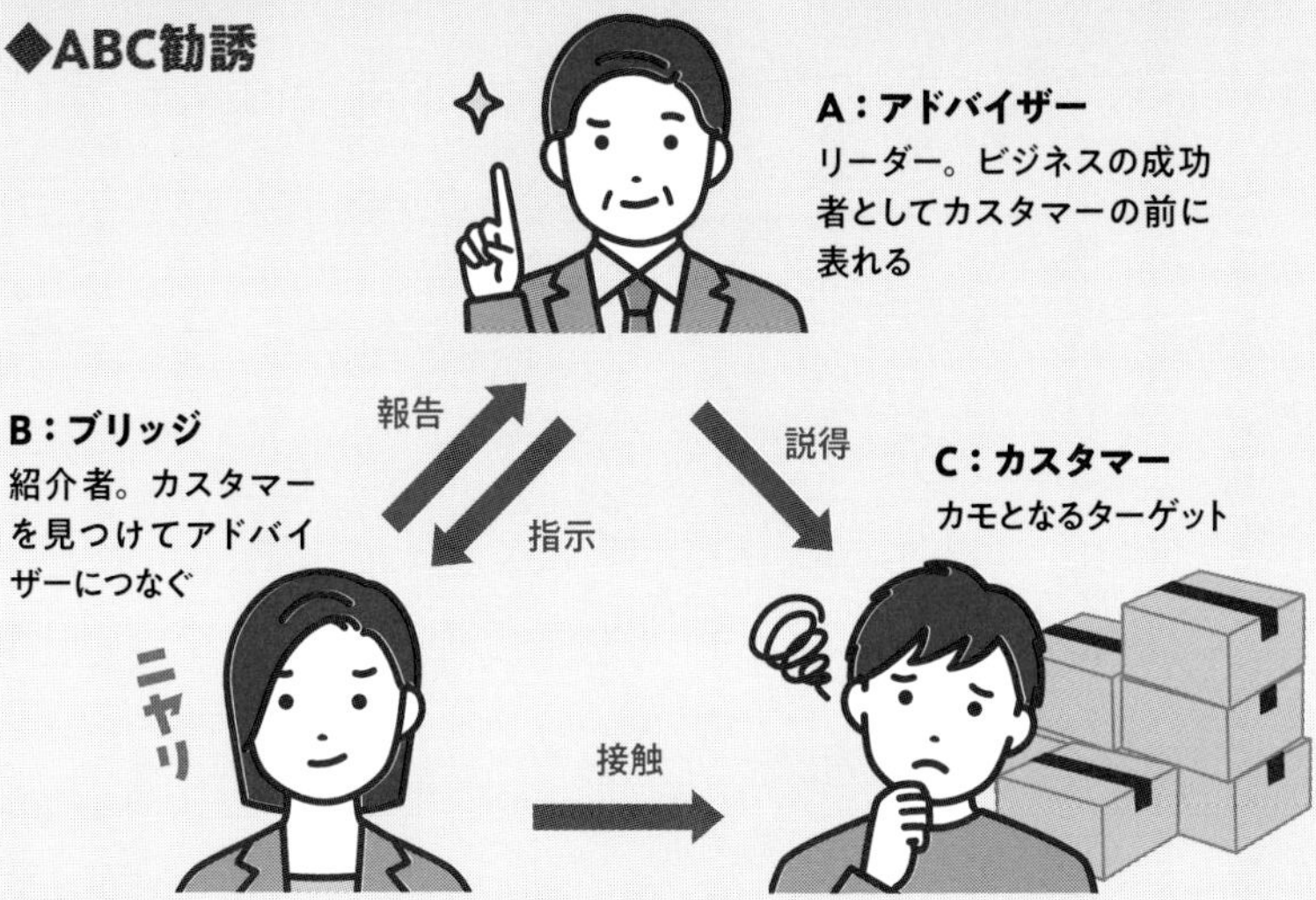
A：アドバイザー
リーダー。ビジネスの成功者としてカスタマーの前に表れる
B：ブリッジ
紹介者。カスタマーを見つけてアドバイザーにつなぐ
C：カスタマー
カモとなるターゲット
報告
指示
説得
接触
ニヤリ

① 接触
ブリッジ役が街頭や街コンなどでターゲット（カスタマー）に声をかける。正体を隠して連絡先を交換する

→

② 対話の基盤作り
ブリッジ役がカスタマーをパーティーや食事に誘う。仕事の悩みや夢などを聞き出し、勧誘可能かを判断する

↓

③ 入会の勧誘
勧誘可能だと判断したら、アドバイザーを紹介する。入会すれば夢を叶えるためのお金を稼げると説得する

→

④ 思想を確信させる
成功した事例、多くの人が参加しようとしていることを見せてリアリティを構築する

↓

⑤ 日常的な実践
成功するには自己投資が必要という理屈で商材の購入や高額なセミナーへの参加をすすめる

→

⑥ 後戻りできない環境
本格的に取り組むためにターゲットに仕事を辞めるよう促す。気づくと大金を投じており、後戻りできなくなる

COLUMN

パーティーからマルチ商法へ誘導

豪華なパーティーはマルチ商法の入口？

マルチ商法では街コンなどの外部のパーティーにメンバーが潜入してターゲットを見つけるという手口のほかに、組織が自分たちでパーティーやイベントを主催して、そこに来た参加者を勧誘するということも行われています。

誘うときは「若くして成功した人たちが集まるので勉強になる」「おもしろい人たちと出会える」「将来の人脈づくりに役立つ」「少ない会費で豪華な料理が食べられるからお得」「絶対に楽しいから来たほうがいい」などといってターゲットの興味をひき、パーティーに来るよう促します。

パーティー自体も高級タワーマンションや一等地に建つ庭付きの豪邸で、専門の料理人が来て料理を振る舞うなど、かなり豪勢に開催されたりします。そうすることで、ターゲットに「すごい人たちがやっている」「この人たちと親しくなれば自分にもなにか得があるかも」と思わせるように仕向けるわけです。

そのうえで、主催者と名乗る人物から「このビジネスをやれば、同じように儲けることができる」「セミナーに参加すれば、そのノウハウを学ぶことができる」などと言われると、つい誘いに乗ってしまいます。特に今の生活を不満に感じている人は、「現状から抜け出すことができるチャンスかも」と期待してしまい、気づくとマルチ商法のメンバーになっていたということもあるため注意が必要です。

また、こうしたパーティーは、新規メンバーの勧誘というだけでなく、純粋に現在マルチ商法をやっているメンバーたちを楽しませる目的もあります。要は「アメとムチ」の「アメ」に当たるもので、定期的に豪華なパーティーを開催して楽しませることで、やる気を出させ、より勧誘に励むようにさせるのが狙いです。

また、ターゲットとなる新規の参加者についても、必ずしも強引な勧誘を行うのではなく、最初はあくまで「楽しい体験をしてもらう」ということを優先する場合もあります。はじめて参加して楽しければ、参加者はまたこのパーティーに行こうと思いますし、その人が新しく友人などを誘って連れてくることもあります。

そうやって、少しずつターゲットとの関係性を築き、相手に「この人たちとの関係を壊したくない」と思わせてから、一気にメンバーになるよう勧誘するというわけです。最近はSNSで自身の華やかな生活を公開して、そこでつながった人たちをこうしたパーティーに招待する手口も増えていると言います。くれぐれも用心することが大事です。

CHAPTER 2

05

デート商法

美男・美女を使ってターゲットを操作する

デート商法とは、魅力的な男性や女性の販売員を使ってターゲットの恋愛感情を刺激し、宝石などの①高額な商品を契約させるという悪徳商法のひとつです。

その手口は、まず販売員がSNSやマッチングアプリ、サークルなどを利用してターゲットと接触します。この時点では、販売員であることは明かさず、あくまでターゲットに興味を持っているかのように振る舞います。そして、メッセージのやり取りなどを通じて、相手の職業や収入をそれとなく探ってターゲットとして相応しいかを見極めていきます。

その結果、カモとして十分に使えると判断すると、次は食事などのデートに誘います。このデートは複数回行われることもあり、販売員は思わせぶりな態度をとって相手に恋愛感情をいだかせるように仕向けます。たとえば、「とてもすてきだ」とターゲットをやたらと褒めたり、ぴったりと寄り添うように歩いたり、朝起きた

---

①販売する商品は宝石やアクセサリーのケースが多く、ほかに投資用マンションや絵画、先物取引の自動売買ソフトなどを売りつけるケースもある。

ときや夜寝る前に必ずメッセージを送ったりといった具合です。

そうすると、最初は「こんなに魅力的な人が自分のことを好きなわけがない」と思っていたターゲットも、だんだんとその気になってきます。そして二度、三度とデートを重ねるうちにその想いは確信へと変わります。

また、「実は親が病気で……」といった、身の上話を打ち明けてくることもあります。これはターゲットからの同情心を誘うと同時に、自分が心を開いた態度をとることで、相手にも心を開かせて情報を引き出させる狙いがあります。

☑ 将来を匂わせるような発言をして、契約させる

ターゲットが十分に自分に夢中になったと確信したら、満を持してお店へと誘います。販売員は「ジュエリーデザイナーの②知人が展示会をやるので一緒に行こう」などといって、ターゲットをお店に連れていきます。そして、「どうせ将来、必要になるから」「わたしが結婚するときはこの指輪をつけたい」といった、あたかもターゲットと自分の将来を匂わせるような発言をして、数百万円もする指輪などを買うようすすめます。

ターゲットが「そんなにまとまったお金はない」と断っても、ローンを組めば月数万円で済む、一生に一度だと考えるとそんなに高くないと言ったり、「買わない

---

②知人ではなく自身がデザイナーだと名乗ったり、ジュエリーショップの販売員をしていると告げたりするケースもある。

ならもう会えない」と相手の恋愛感情を盾に脅したりして、しつこく購入を迫ります。また、**気づくと**③**他の店員も出てきて、数人がかりでターゲットを囲んで説得を続けたりすることもあります。**

そのほかに「知覚のコントラスト効果」を狙った手口も使われます。たとえば、最初は200万円のジュエリーを買うように勧め、ターゲットが断り続けると80万円のものでいいと譲歩するといった形です。200万円に比べると80万円は半値以下ですから、最初は渋り続けていたターゲットも「これならギリギリ払えなくもないか」などと考えて、思わず契約をしてしまいます。

なお、④契約後も販売員とのやり取りは続きますが、⑤クーリングオフ期間の8日が過ぎると突然連絡がとれなくなったり、もう会えないと言われたりします。結局、ターゲットには多額のローンと、使い道のない指輪だけが残されることになるのです。

ここで見てきたように**デート商法では、「返報性」や「好意性」を使った心理操作が随所に用いられています。これにより、ターゲットには相手との関係性をより高めたい、断ると相手に悪い・喜ばせたい、相手との信頼関係があるという幻想などが生まれ、たとえ途中で「怪しい」と感じても、相手を信じたいという思いを捨てきれなくなります。その弱みにつけ込まれて、最終的には高額な商品を契約させられてしまうことになるのです。**

③デート商法は組織的に行われており、店員も全員グルである。

④ターゲットが家族や友人に相談すると、クーリングオフするようすすめられるため、契約したあとは「このことは、ふたりだけの秘密にしよう」と言って、他の人に話さないよう口止めすることもある。

⑤2019年6月15日から、被害者に「社会生活上の経験が乏しいこと」を条件にデート商法そのものを理由に消費者契約法による取り消しを主張できるようになったため、たとえクーリングオフ期間を過ぎても契約の取り消しが認められる可能性がある。

デート商法の手口

① 接触

マッチングアプリやサークルなどを利用してターゲットに接触する

② デートに誘う

食事などのデートに誘う。思わせぶりな態度で相手に恋愛感情を抱かせる

③ お店に誘導

「将来のため」などと言ってジュエリーなどの高額な商品を購入させる

④ 連絡を絶つ

契約後、クーリングオフ期間が過ぎると連絡が取れなくなる

- 相手との関係性を高めたい（恋人、結婚）
- 断ると相手に悪く、喜ばせたい
- 相手との信頼関係があるという幻想

高額な商品であるにもかかわらず契約してしまう

CHAPTER 2

06

催眠商法

「日用品がタダで貰える」という言葉で人を集める

①催眠商法とは、日用品の無料配布や巧みな話術で会場の雰囲気を盛り上げ、冷静な判断ができなくなった来場者に高額な商品を売りつける商法のことです。一箱4万円もする健康食品や30万円もする磁気ネックレス、50万円の浄水器、100万円の布団など、冷静な状態であれば買わないような商品も、催眠商法の罠にハマるとつい契約させられてしまいます。被害者の大多数は高齢者で、なかには複数の商品を次々と契約させられ、総額1000万円以上も支払わされたという深刻なケースもあります。

では、催眠商法ではどのような心理操作を行って、来場者に高額商品を契約させているのでしょうか。その典型的な手口は次のようなものです。

まず、催眠商法の業者は「無料で日用品をプレゼント」などと謳って、会場に人を集めます。会場には進行役がおり、「これから、いろんな商品をみなさんにプレゼ

①最初にこの商法を行った業者「新製品普及会」の略称にちなんで、SF商法とも呼ばれる。

ントします。欲しい人は手を上げて、元気よく〝はい〟と返事をしてください」と言って、配布用の商品を手に「欲しい人！」と呼びかけます。来場者たちは最初は遠慮がちに「はい」と手を上げる程度でしたが、進行役は「元気がないので一度練習しましょう」と発声を促したり、冗談を言って来場者を笑わせたりして会場の空気をほぐし、②声を出しやすい雰囲気をつくります。

プレゼントするのは台所用スポンジや洗剤、ラップといった安価なものばかりですが、進行役の「欲しい人！」の掛け声に合わせて、元気よく「はい！」と手を上げておけばタダで貰えるため、来場者たちはいつしか商品がなんであれ、とりあえず「はい！」と手を上げるようになります。また、いち早く「はい！」と挙手した来場者に優先して商品を渡すことで、参加者の競争心を煽り、すぐに「はい！」と言わないと損だと思わせるようにします。

こうして会場が盛り上がってきたら、今度は「化粧水10円」といったお得な有料商品を提示します。そして、真っ先に「はい！」と挙手した来場者に「元気があってすばらしいから、今回は特別にタダにしちゃう」などと言って、商品をプレゼントします。こうして「有料の商品もはいと言っておけば無料になる」という経験をさせることで、会場をさらなる興奮状態へと誘導します。

そして、**会場のボルテージが最高潮に達したところで、進行役は本来売りたい高額な商品を提示します。冷静に考えると高額な商品でも、ここまでずっと「はい」**

②催眠商法では進行役が話術に秀でていることが多く、来場者たちは会場で話を聞いているうちにだんだんと楽しい気分になっていく。また、集団による多数者効果も働き、みんなが「はい」と手を上げているのに釣られて、自分も同じ行動をとりやすくなる。

と言っておけば得をするという経験をしてきた来場者たちは、条件反射的に手を上げてしまい、まんまと大金を支払うハメになるのです。

催眠商法で用いられる心理操作術

催眠商法では、相手の意志決定を誘導する複数の心理テクニックが巧妙に利用されています。たとえば、業者が最初に無料で商品を配るのは「返報性」や「好意性」の原理を狙ったものです。たとえ高額商品に反射的に「はい」と手を上げたとしても、実際に50万円の契約を結ぶとなると我に返るものです。しかし、これまでさんざん無料の商品を貰っていたことにより、「ここで断るのでは相手に悪い③」といった心理が生じやすくなるのです。

また、「欲しい人」という呼びかけに「はい」と返事をさせるのは、「コミットメントと一貫性」の原理を狙ったものです。人は自分で表明した意志に対しては、それを貫きたいという心理が働きます。**そのためいったん「欲しい」と手を上げた手前、あとになって「やっぱりいらない」とはなかなか言い出せない心理状態に陥ってしまいます。**催眠商法に限らず、世の中には「無料」を謳い文句にしたサービスが数多くあります。そうした言葉に安易に飛びつかず、本当に必要なのかを冷静に判断することが大切です。

---

③業者のなかには数日間に渡ってこうした催しを開催し、最初の数日は商品を無料配布するだけにする。そして、毎日やってくる常連の参加者ができると、ターゲットである高齢者の孫世代に当たるような若いスタッフたちが積極的に声をかけて体調を気遣うなど優しい態度で接する。こうして相手の「好意性」を高めたのち、「とてもいい商品がある」と言って高額商品を売りつけるケースもある。

催眠商法のテクニック

警戒心を解く

「会社の宣伝のため」といった理由を説明することで、「タダで商品を配布するのはなにか裏があるのでは？」という参加者の警戒心を解く

期待感を抱かせる

安価な景品のほかに化粧品や調理器具などの比較的高価な景品も並べ、参加者に「この場に留まればもっと得をするかも」といった期待感をいだかせる

興奮状態への誘導

参加者に積極的に挙手や発声を促すことで、会場を興奮状態に誘導する。いち早く「はい」と挙手した相手に優先して商品を渡すことで、参加者の競争をあおってボルテージを高める

無料化の経験

「化粧水10円」といったお得な有料商品を提示し、いち早く「はい」と挙手した人に無料で渡す。これにより「有料商品もはいと言っておけば無料になる」という経験をさせる

会場のボルテージが最高潮に達したところで本来売りたい高額商品を提示する

冷静な判断ができずに契約してしまう

CHAPTER 2

07

霊感商法

精神的に弱った状態のときに狙われる

霊感商法とは、霊能者を名乗る人物が「このままだと、あなたや家族に不幸が起きる」などと告げて依頼者の不安をあおり、「運気が上がる」と言って数百万円もする高額な壺や印鑑などを購入させたり、「不幸を避けるには祈祷をする必要がある」といって、多額のお布施を要求したりする商法のことです。

読者のなかには「なぜ、そんな怪しい人の言うことを真に受けて大金を払うのだろう」と疑問に思う方もいるかもしれません。たしかに、普通の精神状態であれば、たとえ不吉なことを言われて少しは不安な気持ちになったとしても、大金を払うようなことはしないでしょう。

しかし、考えてみてほしいのですが、そもそも大きな悩みがなく、精神的に健康なときは、わざわざ得体のしれない霊能者に相談しようなどとは考えません。解決し難いなんらかの①悩みや将来の不安を抱えて苦しんでいるからこそ、こうした霊

①診断に来た人に「このままだとガンになる」「命をとられる」と脅して、高額なセミナーに参加させていたある団体は、病院で「セミナーに参加すれば難病が治る」と書かれた本を配り、ターゲットを勧誘する手口を用いていた。

能者を頼ろうとしてしまうわけです。つまり、**依頼者たちは精神的に不安定な状態にあることが多いのです。**

霊感商法の首謀者たちは、そうした依頼者の弱みを巧妙についてきます。そして、さまざまな心理誘導テクニックを用いてマインド・コントロールをしかけ、大金を奪い取ろうとしてくるのです。

☑ 不意打ちとパニックを利用して判断を急がせる

組織的な霊感商法グループの場合、霊能者と協力者のふたりがかりで依頼者をだますという手法がよく用いられます。

その手口は、まず最初に協力者がターゲットになりそうな人物と接触。顔なじみになるなど、一定の交友関係を築いたあと、それとなく「困っていることはない？」など、ターゲットが悩んでいることを聞き出します。

その結果、脈がありそうだと判断したら、「すごい先生がいる」②といって霊能者を紹介します。たとえば、「持病があって困っている」という悩みなら「霊視で悪いところを見つけて、症状を改善してくれる」とか、「お金のことで将来が不安」という悩みなら「運気を上げてくれる」といった具合です。

そしてターゲットが相談に来ると、霊能者は協力者から得た情報をもとに、悩み

---

②協力者は霊能者について「苦しんでいる人のために無償で働くことに喜びを感じている人格者」「料金は1000円だけでいい」「人気が高く、3カ月先まで予約が取れない」など、その能力・人格・実績などを絶賛して、ターゲットに興味をいだかせるように仕向ける。

をピタリと言い当てます。また、**協力者はターゲットの家族構成や出身地、職業、財産、好物や苦手なもの、過去の恋愛遍歴といった個人情報も収集しており、そうした情報も使って、さまざまなことを言い当ててみせます。**

こうしてターゲットに「この霊能者は本物だ」と信じ込ませてから、「悩みの原因は霊障にある」「このままだと数カ月後には死ぬ」「家族にも不幸が起こる」などと言って脅し、相手の思考をパニック状態に陥れます。そこですかさず、「不幸を回避する方法がひとつだけある」と告げ、〝特別なパワーが宿っている〟という高額な壺を購入するように伝えます。

さらに「今この場で決めないと、取り返しのつかないことになる」「あなたのせいで家族が不幸な目に遭ってもいいのか」と迫り、ターゲットから冷静に考える余裕を奪って、強引に契約を結ばせてしまうのです。

このように霊感商法では、不意打ちとパニックを利用して、相手に十分に検討する時間を与えずに判断を急がせます。これはなりすまし電話詐欺などでも使われる、典型的な騙しのテクニックです。

また、人はパニックになると、それ以上考えるより、目の前にあるものに飛びつく傾向があるため、あとで冷静になるとおかしいと思うことでも、その場では受け入れてしまいがちです。特に精神的に弱っているときは、つけ込まれやすいため注意が必要です。

霊感商法の手口の一例

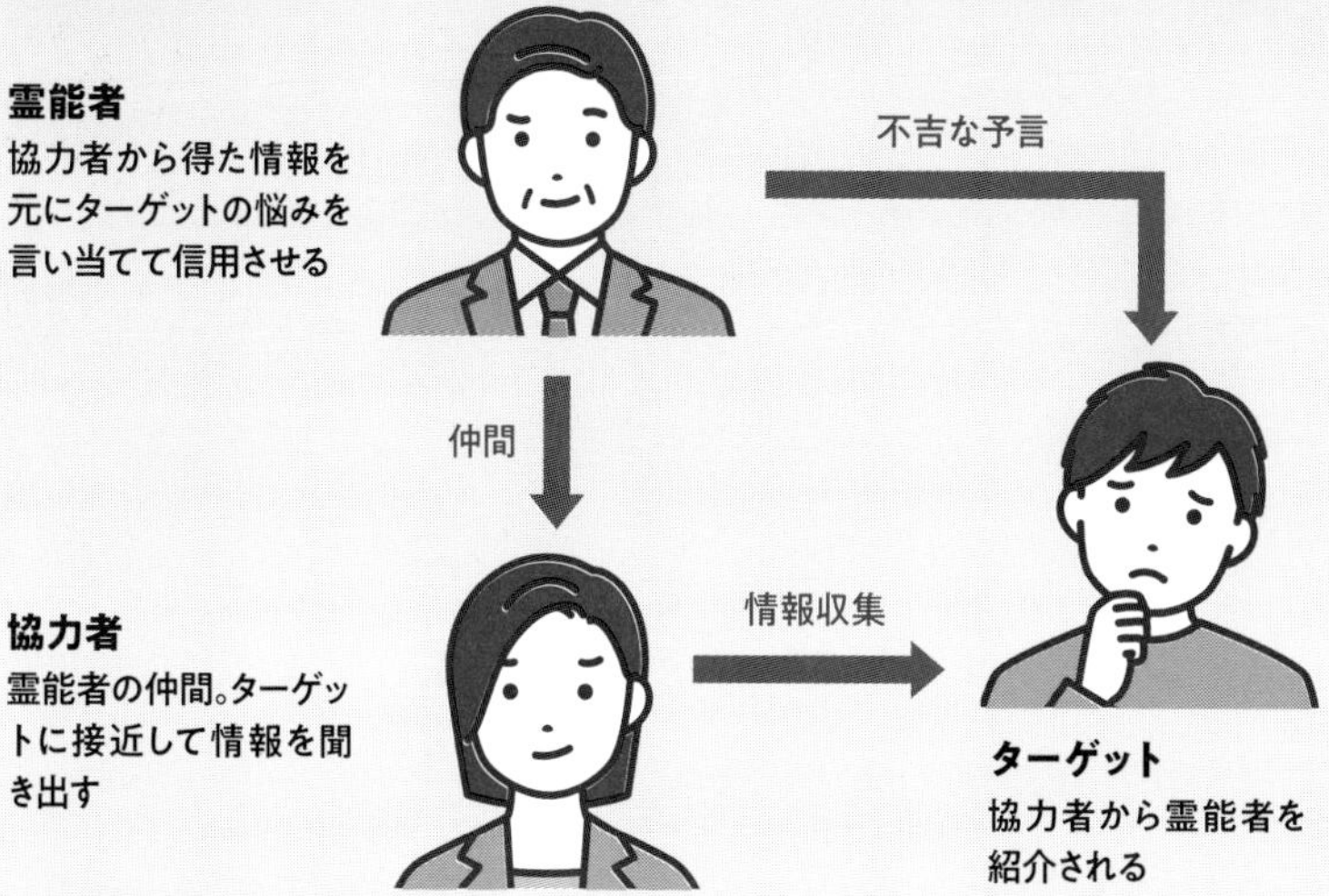
霊能者
協力者から得た情報を元にターゲットの悩みを言い当てて信用させる
不吉な予言
仲間
協力者
霊能者の仲間。ターゲットに接近して情報を聞き出す
情報収集
ターゲット
協力者から霊能者を紹介される

① 協力者が接触
サークル活動などを通じて、協力者がターゲットとなりそうな人物と接触。友人として仲良くなる

→

② 悩みを聞き出す
「困っていることはない?」など、協力者はターゲットから悩みがないかの情報を聞き出す

↓

③ 霊能者を紹介
ターゲットの悩みを聞き出したら、「すごい先生がいる」といって霊能者を紹介する

→

④ 悩みを言い当てる
霊能者は協力者からの情報を元にターゲットの悩みを言い当てて、霊視ができると信用させる

↓

⑤ 恐怖心をあおる
「悩みの原因は霊障にある」「このままだと家族にも不幸が起こる」などと脅してターゲットの恐怖心をあおる

→

⑥ 高額商品を売りつける
高額な壺や印鑑、掛け軸などを購入することで災いを回避できると伝えて、ターゲットからお金を奪う

CHAPTER 2

08

なりすまし電話詐欺

「自分は大丈夫」と思っていた人が騙される

ニュースなどでも散々取り上げられているにもかかわらず、いまだに被害がなくならないのがなりすまし電話詐欺です。「あれだけ注意してと言われているのに、なぜいまだに引っ掛かってしまう人がいるのだろう」と思うかもしれませんが、実は被害に遭った人の多くも、実際に詐欺電話が掛かってくるまでは、あなたと同じことを思っていました。つまり、なりすまし電話詐欺のことはニュースなどで見て、知っていたにも関わらず、いざ当事者になるとまんまと騙されてしまったのです。

被害者たちが騙されてしまった背景には、詐欺グループによる巧妙な心理操作テクニックがあるのですが、その解説の前に、まずは改めてなりすまし電話詐欺の典型的な手口を紹介しておきましょう。

まず、犯人グループのひとりが、①家族（息子や娘、夫や妻など）のふりをしてターゲットに電話を掛け、泣きながら「事故を起こした」「会社のお金を使い込んでしまっ

①人はひとたび思い込むと、それが正しいものだと示す情報を無意識に集めてしまう傾向がある。そのため、最初に「息子かな」と思い込むと、多少の違和感があっても気づきにくい。こうした心理を「確証バイアス」と呼ぶ。

た」といった作り話[②]をします。突然の話にターゲットがパニックになっていると、今度は警察官や弁護士、上司などを名乗る人物が電話口に出て、「このままだと息子さんは起訴される」「逮捕される」などと脅します。

　こうしてターゲットの恐怖心をあおってから、「今すぐに示談金を払えば起訴は免れる」「息子さんの将来のためにもお金で解決したほうがよい」などと説明し、指定した口座にお金を振り込ませるというものです。ただし、最近は振り込み送金よりも手渡しや現金を宅配サービスで送る手口が多くなっています。

なりすまし電話詐欺の被害がなくならない理由

　このように振り込め詐欺では、**複数人がシナリオに沿った役割を演じることで、話にリアリティを持たせてきます。**普段は合理的な判断ができる人でも、家族が事件や事故を起こしたといった話をされると、冷静ではいられないものです。しかも、警察や弁護士を名乗る人物から「起訴される」「逮捕される」などと言われると、不安と恐怖心でパニックに陥りやすくなります。

　また、詐欺グループのなかには、ターゲットの氏名や住所、家族構成といった個人情報を把握したうえで電話をしてくることもあり、会話の中でそうした情報を出されると、つい本当のことだと信じてしまいます。

② 「痴漢で捕まった」「知人を妊娠させてしまった」など、さまざまな騙しのシナリオがある。また、税務署員を名乗って「還付金が受け取れる」と言ったり、銀行を名乗り「カードが不正利用されているので調べたい」といってキャッシュカードを騙し取るといった手口もある。

加えて、「今すぐに対処する必要がある」など、時間的に切迫した状態に置くことで、ターゲットには焦りの感情が生まれ、ますます物事を冷静に判断することができなくなります。その結果、詐欺グループの告げる〝嘘の解決法〟に我慢できずに飛びついてしまうのです。

人はどこかで、「自分だけは大丈夫」と思っているところがあります。なりすまし電話詐欺についても「まさか自分のところに掛かってくることはないだろう」と根拠なく考えてしまいがちです。こうした心の油断があることも詐欺にひっかかってしまう要因のひとつとなっているのです。

また、この詐欺がなくならないのは、匿名化された組織構造にも原因があります。なりすまし電話詐欺は実行部隊をまとめる「番頭格」、ターゲットに電話をかける「プレイヤー（かけ子）」、お金を受け取る「出し子・取り子」など、それぞれ役割の異なる複数の人物によって行われます。警察はお金を引出しに来た「出し子・取り子」は捕まえることはできますが、彼らはアジトの場所も番頭格の本名も知らず、犯行の指示も③Telegram（テレグラム）といった秘匿性の高いアプリなどを通じて行われるため、なかなか組織そのものを摘発することが難しいのです。「出し子・取り子」はSNSの④〝闇バイト〟などで集められることも多く、ひとり捕まってもすぐに新人が補充されます。これにより、詐欺組織は継続的に犯行を実行できてしまうのです。

---

③スマートフォンなどで利用できるメッセージアプリ。メッセージは暗号化され第三者に内容が漏れないようになっているほか、一定時間が経つと消える機能もあるなど秘匿性が高い。そのため犯罪者の間でも利用されることが多い。

④高額な報酬と引き換えに犯罪行為を行うバイトのこと。多重債務者などお金に困った人が手を出すケースが多い。

なりすまし電話詐欺グループの構造

◆組織図のイメージ

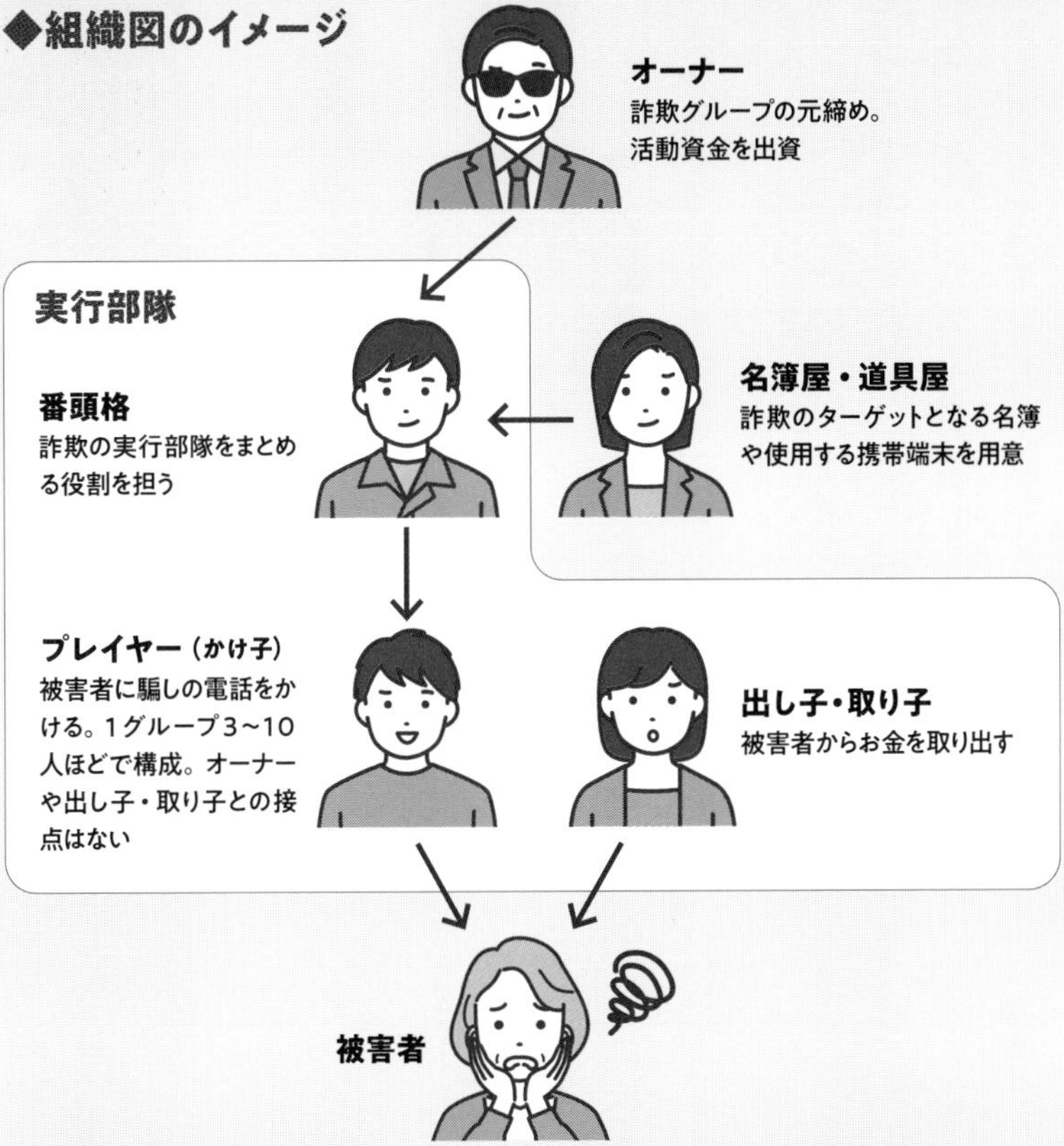
オーナー
詐欺グループの元締め。
活動資金を出資
実行部隊
番頭格
詐欺の実行部隊をまとめる役割を担う
名簿屋・道具屋
詐欺のターゲットとなる名簿や使用する携帯端末を用意
プレイヤー（かけ子）
被害者に騙しの電話をかける。1グループ3～10人ほどで構成。オーナーや出し子・取り子との接点はない
出し子・取り子
被害者からお金を取り出す
被害者

◆なりすまし電話詐欺で利用されるテクニック

1. パニックを誘発させる
2. 相手の情報を利用する
3. 時間的な制約をつくる

→ 冷静な判断ができず言われるままにお金を渡してしまう

CHAPTER 2

09

点検商法

無料で釣って高額な契約を結ばせる

点検商法とは、「無料の点検サービスを行っている」[①]という誘い文句でターゲットに接触し、なんだかんだと理由をつけて高額な契約をさせる商法のことです。この点検商法の典型的な手口としては次のようなものがあります。

ある日、リフォーム業者を名乗る人物が自宅を訪問してきて、「ご自宅の点検のキャンペーンをしています。料金は一切かかりませんので、いかがですか」と、提案してきます。

無料ならと思ってお願いすると、業者は屋根に上がったり、天井裏を調べたり、床下に潜ったりと家中を点検します。そしてひととおり点検が終わると、「屋根がかなり傷んでいる。このまま放置すると一年経たずに雨漏りするようになる」「天井裏の柱が湿気で腐っている。このままだと倒壊の恐れもあり危険だ」「このまま放置してさらに状態が悪くなったら、修繕費ももっと高額になる」などと言って、

① 「法改正前に建てた住宅は点検を受けることが義務になった」といった嘘の情報を伝えて、強制的に点検させるケースもある。

すぐに修繕工事を行うようにすすめてきます。

また、「今この場で契約してくれれば割引価格にする」とお得感のある提案をして、ターゲットをその気にさせます。その結果、最初は無料点検をしてもらうだけのはずが、いつの間にか高額な修繕工事を契約させられていた、ということになるのです。

点検商法の心理操作テクニック

こうした詐欺業者は、相手に契約をさせるために、いくつかの心理操作テクニックを用いています。

たとえば、最初の「無料で点検します」というのは、「ロー・ボール・テクニック」を使った交渉術です。はじめから「修繕工事をしませんか」と持ちかけても、「結構です」と門前払いされてしまうので、まずは相手が承諾してくれそうな小さな提案をして、それを交渉のスタートにするのです。

また、点検のあとに「このままだともっと大変なことになる」と不安をあおるのは、詐欺の常套手段のひとつです[②]。詐欺業者のなかには、あらかじめ用意しておいた白アリの死骸を見せて、「すぐに駆除しないと大変なことになる」と脅したり、「こんなにひどい状態ですよ」と言って、他所で撮った嘘の写真を見せて騙すケースもあります。天井裏や床下などは住んでいても見ることはほとんどありませんから、

②破壊的カルトの勧誘のほか、霊感商法やなりすまし電話詐欺などでも、相手の不安や恐怖をあおって、こちらの望む返答を引き出させる手法が使用されている。

その写真が本当に自分の家のものかは案外わからないものです。

「今なら割引価格」といったお得感で契約を急がせるのも、心理操作のひとつです。人はタイムセールや期間限定といった言葉に弱く、「今決めないと損をする」と思うと、冷静な判断ができなくなります。

たとえば、見積で200万円を提示されたあと、「今なら50%オフの100万円でやります」と言われると、ついお得だと感じて深く考えずに飛びついてしまいやすくなります。これは「知覚のコントラスト効果」と呼ばれる現象で、セールスの基本テクニックのひとつです。

しかし、そもそも修繕工事などは相場がわかりにくく、素人には最初の200万円が③適正な価格なのかも判断できません。

また、仮にその値段が適正だったとしても、こうした詐欺業者は手抜き工事など、ずさんな施工をするため、結局は割高になります(そもそも必要のない契約をしている時点で割高と言えるわけですが……)。

詐欺業者が契約を急がせるのは、他の業者に相見積もりをとられると自分たちの嘘がばれてしまうからです。だからこそ、詐欺業者はすぐに契約を結ばせようと、必死にお得感をアピールしてきます。甘い言葉に釣られず、冷静に判断することが大事です。

---

③適正な価格がわからないため、点検商法で法外な値段を請求されても気づかないケースもある。詐欺業者はこうした被害者の無知も利用してくる。

点検商法の手口

① 無料で釣る

突然、自宅に訪問し、「無料で点検だけさせてほしい」といってターゲットと接触する。コミットメントと一貫性の応用（P.50）

無料で
点検だけさせて

POINT

「水道局の方から来た者です」と騙って排水管の点検を申し出たり、「役所の方から来た者です」と騙って床下の点検を申し出たりする手口もある

② 不安をあおる

「思った以上に状態が悪い」「このまま放置すると余計ひどいことになる」と言って不安をあおる

屋根が
傷んでいる
放置すると
大変なことに
なりますよ

POINT

実際には問題がないにもかかわらず、修理が必要だという嘘の報告をする。業者によっては点検の際に自分たちでわざと破損させて、その修理代金を請求するケースもある

③ 時間的な制約をつくる

「今この場で契約してくれれば割引価格にする」などと言って、相手がじっくり検討する前に急いで契約させようとする。希少性の応用（P.54）

今契約すれば
安くします

CHAPTER 2

10 占い詐欺

「占い」をきっかけに人生を狂わされることも

「占いサイト」や「占いアプリ」など、最近は昔と違っていつでも気軽に占い相談ができる環境になりました。しかし、なかには占いサイトとは名ばかりで、実際には鑑定士すらおらず、いい加減な結果を送って利用料金をかすめ取る詐欺業者①もいます。

また、悪質な占い師と接触したことで、マインド・コントロールされて多額のお金を貢がされるなど、「占い」をきっかけに、取り返しのつかない事態を招いてしまうこともあります。

占いを信じていない人は、「たかが占いごときでなぜ?」と思うかもしれませんが、**占い相談をする人は、なんらかの悩みを抱えていたりするものです。悪質な占い師は、そうした相手の弱みにつけ込んで心を支配し、自分に依存する状態へと誘導してきます。**そして、「占い師の言うことにしたがうのが正しいことなんだ」「自分の

①有料の相談メッセージを送ることで、鑑定結果を送信してもらえる占いサイトもある。これを悪用して、「言うとおりにすれば宝くじが当選する」などと偽って、相談者に繰り返し有料のメッセージを送信させ、料金を騙し取るといった手口が横行している。

ことを本当にわかってくれるのは占い師だけだ」と思い込ませて、自分に都合のいいように行動をコントロールするのです。

では、悪質な占い師はどのようにして、ターゲットを支配していくのでしょうか。ここでは、実際に占い師にマインド・コントロールされ、1億円近くも奪われた女性の例をもとに、その手口を紹介しましょう。

☑相手を依存状態にして行動を支配する

事件は、離婚などで人生に悩んでいた女性が、雑誌に掲載された広告を見て、占い師に電話相談したことから始まります。悩みを聞いてもらったことで心が軽くなった女性は、その後も頻繁に占い師に相談するようになり、長年患っている過食嘔吐の症状といった、プライベートなことも話すようになります。こうした相談に占い師は親身になって答え、少しずつ依存状態へと誘導していきます。

そして、完全に女性の信用を得たと確信した占い師は、ここから本格的なマインド・コントロールをしかけます。まず、「あなたは正常な判断ができないから、私の指示にしたがうのがよい」「職場の人たちもあなたを嫌っている。あなたの味方は私しかいない」「私を敵にまわすとなにが起きるかわからない」といった言葉を日常的に浴びせ、**女性に「味方は占い師だけ」と信じ込ませます。**

さらに、自分が指定したマンションに女性を住まわせて、自分の言うことだけが刷り込まれる環境をつくります。こうした②社会的隔離はマインド・コントロールの常套手段です。その上で、「あなたが過食や嘔吐を繰り返すため配水管が故障した。修繕に数十億円が必要だ」という嘘の話で女性を脅し、風俗店で働かせるなどして、1億円近くものお金を奪い取りました。

人が占いにハマってしまう理由のひとつに、「確証バイアス」があります。これは、自分の考えや思い込みに合った、都合のいい情報ばかりを集めてしまう心理傾向のことです。

たとえば、占い師はさまざまなことを言いますが、もともと占いが好きだったり、信じている人は、そうした言葉の中から自分が③「当たっている」と思うものだけに着目して、「この占い師はすごい」などと考えてしまう傾向があります。また、「占いなんて信じない」という人でも、たまたま自分の中の大きな秘密を言い当てられたりすると、それをきっかけに「確証バイアス」の罠に陥ってしまうこともあります。こうして、一度「この人は信用できる」と思い込むと、どんどん占い師の言うことに依存するようになっていくのです。

自分で解決できない悩みや問題に直面すると、占いといった超自然的ななにかにすがりたくなるものですが、詐欺師たちはそうした相手の心の弱みをついて罠をしかけてきます。そのことは肝に銘じておく必要があるでしょう。

---

②外部の人間との接触や、外部からの情報を断絶させること。これにより、支配者側にとって、都合のよい情報のみを相手に与えることができる。破壊的カルトのマインド・コントロールでも用いられる手法のひとつ。

③占いでは、「あなたは少し繊細なところがありますね」といった、比較的誰にでも当てはまることを言って、相手に「当たっている」と思わせる手法が用いられることがある。このように、多くの人に当てはまることを言われているにもかかわらず、「これは自分のことを指している」と感じる心理作用を「バーナム効果」と呼ぶ。

占い詐欺によるマインド・コントロールの手法

占い師　　　　相談者

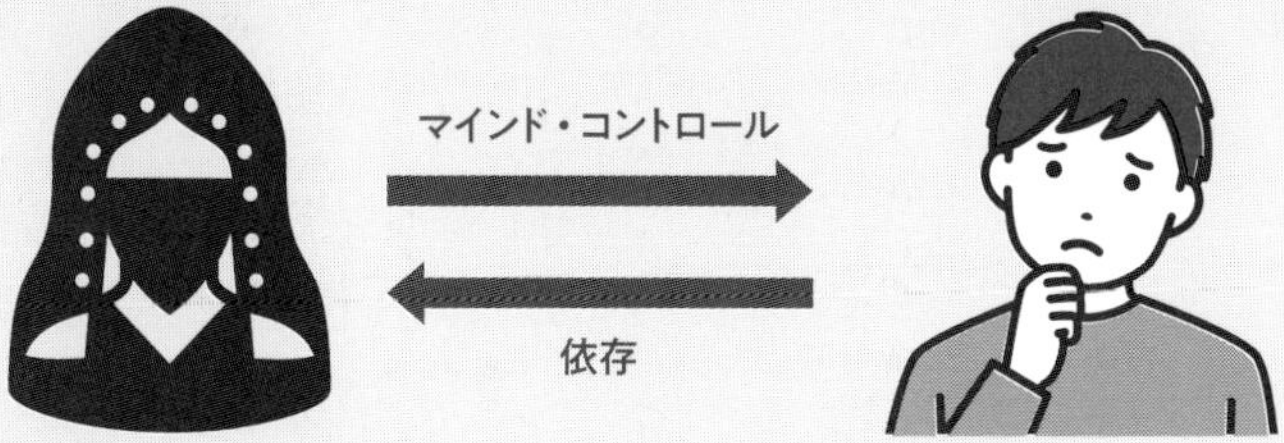

占い師
- 占いを通じて相手の思考をコントロールする
- 自分の言うことにしたがうのが正しいと思い込ませる

相談者
- 占いに依存
- 自分で考えて判断することを放棄

① 無料相談できっかけをつくる
広告などで占いサイトを宣伝。初回は無料に設定し、気軽に登録できるようにする

→

② 相手の信用を得る
占いを通じて相談に乗り、相手の信用を得る。相手の望む助言を行い、少しずつ依存状態にする

↓

③ 占い師だけが味方だと思い込ませる
周囲の人間はあなたを嫌っているなどといって孤立させる。自分だけ味方であると思わせる

→

④ 恐怖心をあおる
「占いを辞めると不幸なことが起きる」「自分の指示にしたがわないと死ぬ」などといって恐怖心をあおる

↓

⑤ 架空のトラブルをつくり搾取する
「あなたのせいで多額の損害賠償を請求された」などとありもしないトラブルで騙し、お金を搾取する

→

⑥ 完全に支配下に置く
生活のほぼすべてを支配下に置く。主体的な判断力が失われ、占い師の指示には無条件でしたがうようになる

CHAPTER 2

11 ブラック企業

ブラック企業によるマインド・コントロール

現在では「ブラック企業」という呼び方もすっかり浸透し、サラリーマンが自分の会社を「ウチはブラックだから」と自虐的に愚痴るなんてことも増えてきました。

厚生労働省ではブラック企業についての明確な定義はしていませんが、一般的な特徴として、①労働者に対し極端な長時間労働やノルマを課す、②賃金不払残業やパワーハラスメントが横行するなど企業全体のコンプライアンス意識が低い、③このような状況下で労働者に対し①過度の選別を行う、といったことを挙げています。

ブラック企業に勤務した場合、すぐに退職すればよいと考えてしまいますが、生活などもありますから、そう簡単にはいきません。また、一度ブラック企業の価値観を刷り込まれてしまうと、それが「当たり前」になって、労働環境の異常性に気づけなくなります。つまり、第三者から見ると劣悪な環境であるにもかかわらず、本人は「ここでがんばるしかない」と思い込まされた状態となってしまうのです。

---

①必要ないと判断した社員をいじめなどで自主退社に追い込んだり、理不尽な理由で解雇したりすることなどを指す。

事実、ブラック企業に勤務した人のなかには、心身の健康を害したり、自殺や過労死といった最悪の事態に追い込まれてしまったケースもあります。逆に言うと、そうなるまで辞めることができなかったということです。

なぜそうしたことが起きるかというと、**ブラック企業の体質が、社員の心を支配して、自分たちに都合のよい存在へと作り変える＝マインド・コントロールの手法とも合致しているからです。**実際、ブラック企業の労働環境を見ると、破壊的カルトが信者をマインド・コントロールする際に用いる手法と共通する部分も数多くあります。彼らは社員を「辞められない心理状態」へと誘導し、自分たちが利益を得るための道具として利用しているのです。

過酷な環境と心理的プレッシャーで社員を支配する

それでは、ブラック企業の代表的な特徴を挙げて、具体的にどのように社員を支配するのかを見てみましょう。

まずは「外部との接触の遮断」です。**ブラック企業では長時間労働や休日出勤で個人の自由な時間を奪います。**毎日、家と会社の往復で、会社の人間以外とはほとんど接する機会がない状況で、一方的に会社にとって都合のよい②「価値観の刷り込み」が行われると、だんだんとそれが社員にとっての「常識」になります。

②「毎朝、社訓を復唱させる」「研修として定期的にセミナーに参加させる」といったことが挙げられる。

また、「みんな有給を取っていない」「みんな残業している」といった同調圧力によって、個人の意志や行動を縛り、こうした労働環境を半ば強制的に了承させます。さらに、**長時間労働による睡眠不足などで脳が疲労状態に置かれると、物事を主体的に考える力が低下して、会社の言いなりになりやすくなります。**

大声での叱責や罵倒により、社員の自尊心を失わせるのもブラック企業が用いる典型的な手法です。過酷なノルマを課して、達成できないと激しく罵倒したり、些細なミスをあげつらって「どれだけ迷惑したと思っているんだ」と厳しく叱責します。そうして、**社員に「自分が悪い」という罪悪感とプレッシャーを与えて、自分たちが支配しやすい精神状態へと追い込んでいくのです。**

一方で、社員がなんらかの成果を出した場合には大げさに褒め称え、ボーナスなどを与えます。こうした「アメとムチ」により、社員は次第に会社や上司の指示には自動的に服従するように条件づけられていきます。

ブラック企業は「辞めると収入がなくなって生活できなくなる」という社員の弱みをついて、相手を服従させます。その手法は極めて悪質というほかなく、継続的に社会全体で監視していく必要があるでしょう。

ブラック企業に見るマインド・コントロールの手法

外部との接触を遮断	長時間労働や休日出勤で個人の自由時間を奪う。会社の人間以外と過ごす時間が遮断され、会社の異常性に鈍感になる
集団による同調圧力	「みんな有給を取っていない」「みんな残業している」といった同調圧力で個人の意志や行動を縛る
過労による判断力の低下	長時間労働による睡眠不足や過労によって脳を疲労状態に置く。主体的な判断力が低下し、会社の言いなりになりやすい
恐怖による支配	大声での叱責や罵倒により社員の自尊心を失わせる。叱責を恐れて、自主的に長時間労働に励むようになる
アメとムチの活用	自尊心を奪う一方で、一定の成果が出た場合には大げさに褒め称える。アメとムチを与えることで会社への依存度を高める
自虐的な価値観の刷り込み	毎日「社訓」を復唱させたり、定期的に研修会を開催する。会社にとって都合のよい価値観を刷り込む

↓

こうした手法は破壊的カルトが用いる
マインド・コントロールの手法とも共通する

↓

周囲から見ると明らかに労働環境が悪いにもかかわらず
本人は会社を辞めることができなくなる

CHAPTER 2

12 グルーミング

子どもたちを手なづけて、わいせつ行為に及ぶ

グルーミングはもともと動物の毛繕いを意味する言葉ですが、未成年への性犯罪においては、わいせつ行為を目的に子どもと親しくなることを指します。

代表的な事例としては、子どもからの信頼を得やすい身近な指導者（教員、部活動の顧問、塾講師）が、その①立場を利用して性的な行為に及ぶケースや、公園や街なかでの声掛けから子どもに近づき、親切な人であると信用させて自宅などに連れ込むといったケースがあります。

また、近年、増加しているのが、SNSやオンラインゲームといった②ネットでの交流を通じて、子どもたちが被害に遭うケースです。ネット上では匿名で交流できるため、公園などでの声掛けと比べても、**ターゲットとなる子どもと容易に接触しやすい環境にあります**。

ネット上でグルーミングをしかける大人は、いつもおもしろい情報を教えてくれ

①個別指導と称して生徒とふたりきりで会う時間を増やし、関係性を深めたうえで、肩を揉むなどの軽いボディタッチからはじめ、少しずつ行為をエスカレートさせていくといった手口がある。

②インターネットでの被害は「オンライングルーミング」とも呼ばれる。

る「物知りな人」だったり、真剣に悩みを聞いて的確なアドバイスをくれる「頼れる人」だったり、落ち込んだときに励ましてくれる「優しい人」だったり、はたまた自分の夢に関連した仕事をしている「憧れの人」だったりと、**いろいろな人物を装って子どもたちに近づき、親しくなろうとします**。

特に中学生や高校生といった思春期は、学校の友だちづき合いや恋愛のこと、将来の夢、親との関係など、さまざまな悩みがあるものです。それが時として身近な人には知られたくないこともあります。そうしたときに、自分のことを認めてくれたり、寄り添ってくれるような言葉をかけられると、「この人は自分のことをわかってくれている」「この人の言うことは信用できる」「この人に愛されている」と思ってしまいやすくなります。もちろん、それが本当に相手のことを思っての行為であればよいのですが、**彼らの目的はわいせつ行為であり、こうした言動もすべて自分を信用させ、好意を持たせるための作戦でしかないのです**。

このようにグルーミングをしかける大人は、子どもたちの心を巧みにコントロールして、自分のことを盲信するように仕向けてきます。そして、タイミングを見て実際に会おうと持ち掛けて性行為へ誘導したり、わいせつな画像を送るように③求めたりするのです。子どもたちが完全に相手のことを信用しきっている場合、たとえ性犯罪の被害に遭っても、「愛情を受け入れるべき」とか「これは自分に必要な行為だ」と思わされるため、本人に被害者意識がありません。また、たとえ騙された

③相手の口車に乗せられて画像を送信したことで、自分の言うことを聞かないと画像を拡散させると脅されるケースもあるため注意が必要。

と思っても、羞恥心が働きますし、いけない事をした罪悪感をいだき親からの叱責を恐れて黙っているケースも多く、④被害が表面化しにくい傾向があります。その結果、**周囲が気づかないまま、加害行為が長期化してしまう危険性もあります。**

加害者にされてしまうケースも

グルーミングは、子どもたちに信頼や好意、尊敬といった感情をいだかせたうえで、自分の指示にしたがうことが正しいと思わせることから、マインド・コントロールの一種であると言えます。

そのプロセスには、信頼関係、権威の構築、服従への期待、行為の正当化、自己封鎖、協力的関係の6ステップがあり、これらがすべて完成すると、被害者である子どもは完全に加害者によってマインド・コントロールされた状態となります。特に最後の「協力的関係」では、実際に被害者であった女性が、いつしか加害者の協力者となって、新たな女性を勧誘させられるようになった事例があり、グルーミングをきっかけとしたマインド・コントロールによって、被害者であると同時に、加害者にもされてしまうことも起こり得ます。

子どもの安全を守るためにも、普段から彼らの生活や様子を観察し、必要以上に近づいてくる大人がいないか、注意深く見守る必要があると言えるでしょう。

---

④SNSやオンラインゲームでは、誰とどのようなやり取りをしているのかを保護者も把握できないため、知らないうちに被害に遭うことも多い。

性被害に誘導するマインド・コントロールの手順

① 信頼関係
秘密裏に接触し、好意的な対応と、的を射たような相談応答に魅力をいだかせる

→

② 権威の構築
崇拝にも値する絶対的な正しい人、立派な人だと認知させ、依存させる

↓

③ 服従への期待
解決にはしたがうしかないと教え、恩や義理に報いるべきだと考えさせる

→

④ 行為の正当化
指示された行為は、すべて正しいことだと心理的に納得させる

↓

⑤ 自己封鎖
外部に相談しても、批判されるだけだし、裏切ると見放される恐怖も与える

→

⑥ 協力的関係
他の人を勧誘する手助けをさせて、共犯関係にさせる

◆グルーミングが行われやすいケース

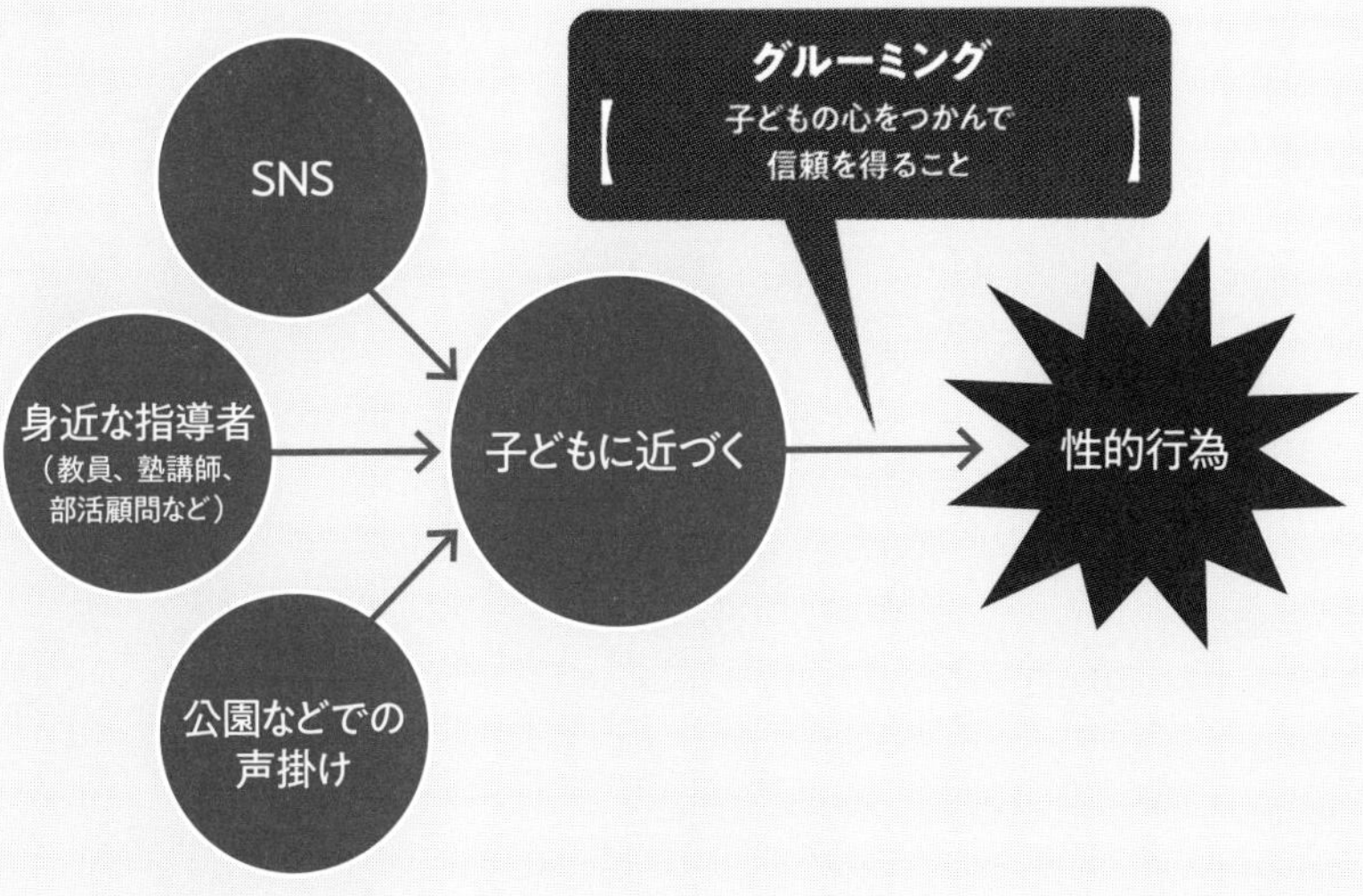
グルーミング
【子どもの心をつかんで信頼を得ること】
SNS
身近な指導者
（教員、塾講師、部活顧問など）
公園などでの声掛け
子どもに近づく
性的行為

CHAPTER 2

13 DV被害

酷い目に遭っても別れることができない心理

DV（ドメスティックバイオレンス）とは、配偶者など①親密な関係にある男女間でふるわれる暴力のことです。ここで言う暴力とは、「殴る」「蹴る」といった身体的暴力だけでなく、精神的暴力（怒鳴る、罵る、無視するなど）、経済的暴力（生活費を渡さない、外で働くことを許さないなど）、性的暴力（性行為や中絶の強要、避妊に協力しないなど）、社会的暴力（電話やメールをチェックする、外出を禁止するなど）、子どもを利用した暴力（子どもの前で暴力をふるう、子どもへの暴力をほのめかすなど）も含まれます。

こうしたDV被害の話を聞くと、外部の人間は「そんな相手とは今すぐ別れたらいい」「逃げればいい」と思うかもしれません。

しかし、**暴力をふるわれ続けることで**、**被害者は「自分は相手から離れることができない」「助けてくれる人は誰もいない」といった無気力状態に陥ることがあり、**

---

①事実婚や元配偶者も含まれる。また、恋愛関係にある男女間での暴力は「デートDV」と呼ばれる。

そうなると自発的に逃げようという考えができなくなります。

また、パートナーの収入がなければ生活できないといった経済的な問題や、子どもの安全や就学の問題などが気にかかり、なかなか逃げることに踏み切れないという場合もあります。ほかにも、逃げることで仕事を辞めなければならないなど、失うものが大きいことも理由として挙げることができます。

暴力と謝罪のサイクルで支配関係が強化される

DV被害者がパートナーと離れられない要因としては、DVのサイクル[②]による影響も指摘されています。多くの場合、DVには内面にストレスをためている「緊張形成期」、ストレスが限界に達して暴力をふるう「爆発期」、別人のように優しくなる「ハネムーン期」の3つのサイクルがあり、加害者はこのサイクルを繰り返すとされています。

そして、このサイクルが何度も繰り返されると、**被害者は「暴力をふるわれるのは自分が悪いからだ」「やっぱり離れることはできない」と思うようになり、支配・被支配の関係がますます強化されていくことで、どんどんDVのサイクルから抜け出すことができなくなってしまいます。**

暴力をふるったあとで加害者が優しくするのは、被害者に「本当は悪い人ではない」

②アメリカの心理学者レノア・E・ウォーカーによって提唱された理論。暴力と愛情のサイクルによって、被害者は加害者と別れることができず、共依存の関係になるとされる。

「自分はやっぱり愛されているのだ」と感じさせ、離れていかないようにするためです。加害者は「二度と暴力はふるわない」などと泣いて謝るため、被害者は「今度こそ変わってくれるかもしれない」「もう一度信じてみよう」といった期待をいだき、ずるずると関係を継続してしまうことになります。

また、被害者が孤立してしまいやすいのも、DVから抜け出せない大きな理由のひとつです。DVは誰かに気軽に相談できる内容ではないため、被害者はひとりで悩みを抱え込んでしまいやすい傾向があります。

また、家族や友人などが気づいた場合でも、はじめは被害者を心配しますが、いくら別れるよう説得しても本人に聞き入れる様子がなかったり、いったんは別れる決意をしたはずなのにまたよりを戻していたりすると、その行為が理解できず、やがて被害者を救うことをあきらめてしまいます。その結果、被害者はますます孤立してしまい、永続的に相手の暴力の支配下に置かれ続けることにもなってしまいます。

ほかにも、家族や友人と会わないよう被害者に命令したり、「逃げたら殺す」「どこまでも追いかける」と脅して恐怖感を与え、周囲に助けを求めることができないようにするなど、DVによる心の支配はさまざまな方法で行われます。

DV被害を拡大させないためにも、些細なことでも異変に気づいたら行政[3]や警察に相談するなど、周囲が早めの対応をとることが大切です。

---

③各自治体ではDV被害に関する相談窓口を設けているほか、内閣府も「DV相談＋」という電話・メール（24時間受付）とチャット（12時～22時受付）による相談窓口を開設している。

DV被害とマインド・コントロール

◆DVのサイクル

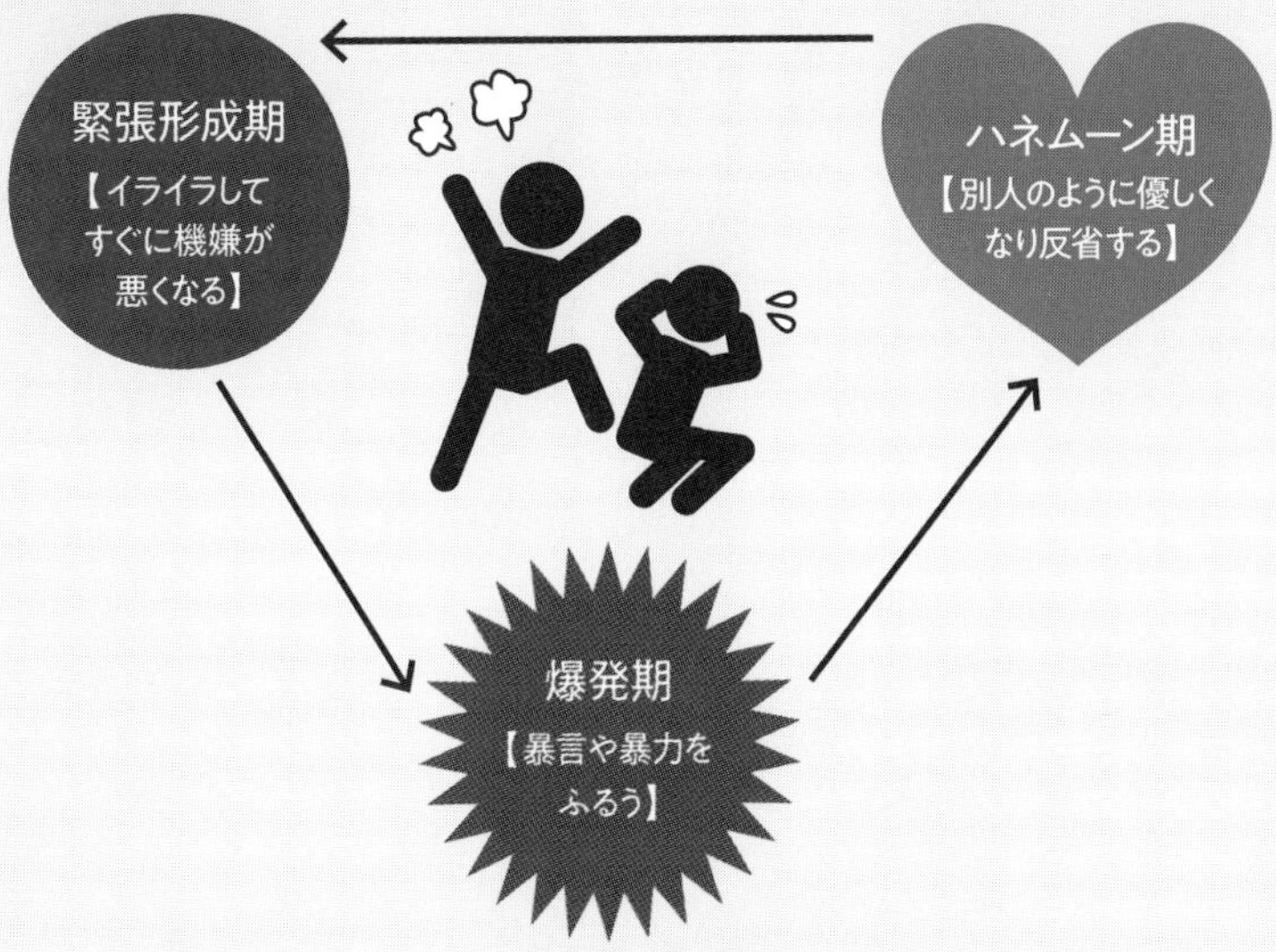
緊張形成期
【イライラして
すぐに機嫌が
悪くなる】
爆発期
【暴言や暴力を
ふるう】
ハネムーン期
【別人のように優しく
なり反省する】

◆DVにおけるマインド・コントロール

言葉の暴力で人格を否定する

「お前はなにをやってもダメだ」など、些細な失敗をあげつらい暴言を浴びせる。被害者は「自分が悪いのだ」と自己否定の感情に支配される

身体による暴力で恐怖感を抱かせる

反論した場合、殴る・蹴るといった暴力行為に及ぶ。被害者は暴力への恐怖心から自己主張ができなくなり、相手の顔色ばかりうかがうようになる

行動を制限して社会的隔離状態に置く

外出や友人との交流を制限する。他者との交流を制限されることで、被害者は社会的隔離状態に置かれる

愛情表現を行い支配関係を強化

暴力をふるったあとに優しくしたり、突然プレゼントを買ってきたりする。このサイクルが何度も繰り返されると、被害者の加害者の支配関係が強化される

CHAPTER 2

14

監禁事件

被害者が逃げられない理由

誘拐・監禁事件では、ドアが施錠されていないなど、その気になれば「逃げられるはずの状態」であるにもかかわらず、被害者が逃げずに、長期間に渡って監禁され続けるということがあります。

なぜ、被害者たちは逃げることができなかったのでしょうか。その理由はいくつか考えることができます。

まずは、罰と褒賞による支配です。命令にしたがわなければ激しい罰や死の恐怖を与え、命令にしたがえば褒賞（優しい態度や相手の望む品物など）を与えます。**すると、被害者は犯人の命令に対して服従するようになり、たとえ逃走のチャンスがあっても「ここで待っているように」と犯人に命令されると、それにしたがってしまうようになります。**

また、どうにか逃げられないかを試みたがうまくいかなかったという経験を何度も重ねると、①「学習性無力感」に陥ってしまう場合があります。すると、逃走すること自体をあきらめてしまうため、たとえドアにカギがかかっていない状態でも自分から外に出て行こうとしなくなります。

さらに、外からの情報が遮断され、犯人からの「絶対に逃げられない」「おまえを助ける人はいない」「家族ももう探していない」などの一方的な情報にさらされ続けると、次第にその言葉を信じてしまうようになります。

たとえ最初はそんなことはないと考えていても、実際に助けに来る人はおらず、逃げることもできない現実が続くと、犯人の言うことは本当かもしれないと考えるようになるのです。その結果、「自分の居場所はここしかないのだ」と思い込むようになり、たとえ外に出ることができても、自ら監禁部屋に戻ってしまうことすらあります。

実際、10代の少女が約2年にも渡って男に監禁された事件では、犯人から「お前は親に捨てられた」などと繰り返し言われ続けた少女が、一度は自力で逃走したものの、真相を確かめたくて街で声をかけた全員から不審に思われたのか、「いま忙しいから無理」などと断られたことで、犯人の言う通り、誰にも助けてもらえない状況なのだと思い込み、②ふたたび部屋に戻ったことが裁判で明らかとなっています。

そのほかだと、失敗した際のリスクももちろんあります。逃走を図って、うまく逃げることができればよいですが、失敗した場合はなにをされるかわかりません。

①努力しても結果を伴わないことを何度も経験することで、やがてなにをしても無意味だと思うようになり、たとえ実行すれば結果が伴うような状況でも、行動を起こさないようになる状態のこと。

②逃走が失敗したという経験によって、少女は「学習性無力感」に陥り、それが長期間に渡る監禁につながった可能性もある。

相手は監禁という犯罪行為を行う人物ですから、殺されてしまうことだって考えられます。

安全な場所にいる人間から見ると、十分に逃げることができると思えるような状況であったとしても、誘拐・監禁されて不安と恐怖で心が支配されている当事者にとっては状況はまったく違います。そうしたなかで、たとえ逃走のチャンスがあっても、一歩が踏み出せないのは、ごく当たり前のことだと言えるでしょう。

テロリストによるマインド・コントロール

監禁事件では、ときに被害者が加害者に共感するような反応を見せることもあります。これは犯人によるマインド・コントロールの一種で、たとえばテロリストたちは、ターゲットを誘拐して独房に閉じ込めて死への恐怖や不安を与えたのち、今度は一転して非常に紳士的に扱うという手法を用いることがあります。

すると、この**予想外の対応にターゲットはテロリストたちに対して「意外と悪い人たちではない」といった好感をいだくため、そこで自分たちの思想を聞かされると、これを受け入れやすくなります。こうしてターゲットを取り込んで協力的にすることで、スムーズに情報を引き出したり、自分たちに都合のいいように利用しやすくできるというわけです。**

監禁事件における「逃げられない心理」

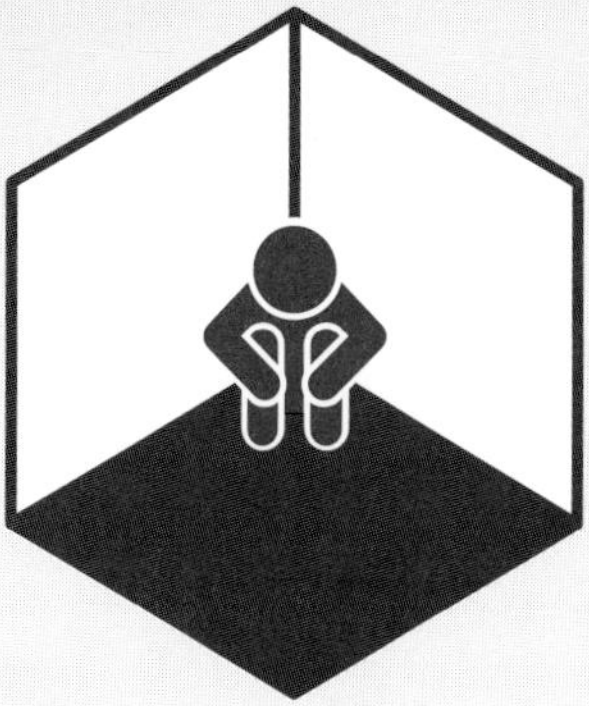

ドアが施錠されていないなど、その気になれば「逃げられる状態」であるにもかかわらず監禁被害者が逃げることができないのはなぜか？

↓

- 罰と褒賞による服従
- 学習性無力感
- 失敗した際のリスク
- 外からの情報の遮断と刷り込み

◆監禁被害者によるテロリストへの共感現象

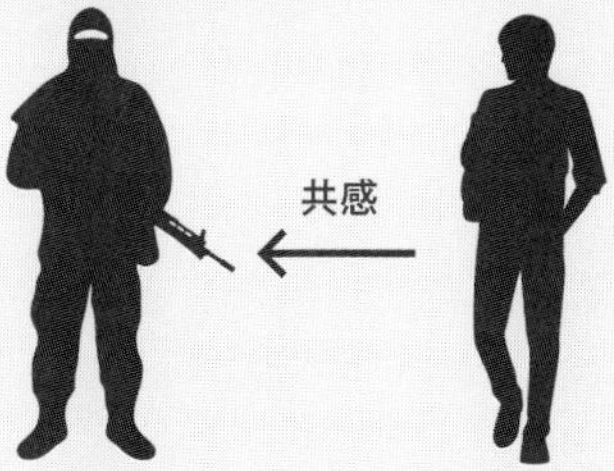

テロリストに誘拐・監禁され死を覚悟したのち、予想外に紳士的な扱いを受けるとテロリストに好感を抱く。そこで、テロリストたちの思想を聞かされると、これを受け入れやすくなる。また、自身が生き延びるには、テロリストの機嫌を損ねないほうがよいという心理も働くため、あたかも彼らに共感したかのような従順性を見せる

死への恐怖
↓
紳士的な扱い
↓
思想の植えつけ
↓
共感

COLUMN

マインド・コントロールと殺人・遺棄致死事件

マインド・コントロールはときに、殺人といった重大な犯罪を引き起こすことがあります。こうしたマインド・コントロールによる殺人は、オウム真理教のような破壊的カルトによるものだけでなく、小さい集団や個人でも起こります。

尼崎連続殺人・傷害事件

その代表的な例に尼崎連続殺人・傷害事件があります。これは兵庫県尼崎市を中心に複数の家族が監禁・虐待され、10名以上の死者・行方不明者が出た連続殺人事件です。

首謀者の角田美代子（以下、美代子）は、25年以上に渡り、複数の家庭にさまざまな因縁をつけて入り込むと、その家族関係を破壊し、自分の支配下に取り込むという行為を繰り返します。そして、支配した家族から多額の金を奪い取っただけでなく、親族同士で監禁・虐待・暴行を行わせるように仕向けるなど、残忍な犯行を続けました。

美代子に支配された家族は、誰も彼女に逆らうことができず、先に支配された別の家族の人々と共に美代子のもとで共同生活を強いられます。そして、美代子が新たなターゲットとなる家族を見つけると、その支配を手伝わされていきます。美代子は自らを頂点とした「疑似家族」を作り上げ、その集団の絶対的な独裁者として君臨すると、彼らを意のままに操って、自らの欲望を満たし続けたのです。

美代子が家族を支配するために用いたのが、相手の弱みにつけ込んで、分断させる手法です。たとえば、美代子に乗っ取られた家族の娘で、当時高校生だった少女は、かねてから「母や姉は私のことを見下しているのではないか」という劣等感を持っていました。美代子はそうした少女のコンプレックスにつけ込み、自分は少女の味方であると思わせる一方で、暴力で母親を追いつめ、少女の前で「いらない子だった」と言わせるなどして、少女と母親の絆を完全に断ち切ります。

これ以降、少女は家族よりも美代子のほうを慕うようになり、母親や姉に対しても虐待を行うようになるなど、完全にマインド・コントロールされた状態になります（少女の母親と姉は激しい暴行や虐待によって、のちに死亡）。美代子は少女の劣等感を利用して、実の親や姉を汚らわしい存在だと認識するように誘導し、「叩いて懲らしめないといけない」という感情を植え付けたのです。この事件は２０１１年に発覚し、美代子や成人した少女を含む11名が殺人などの容疑で起訴されました。その後、首謀者の美代子は２０１２年に留置場で自殺、元少女には懲役23年（求刑30年）の判決が下されています。

篠栗男児餓死事件

2020年に福岡県篠栗町で5歳の男児が餓死した事件では、母親のママ友であった赤堀恵美子によるマインド・コントロールが事件の大きな要因になったと考えられます。

母親と赤堀は子どもが同じ幼稚園に通う縁で知り合い、友人関係となります。その後、赤堀は母親に「ママ友たちが、あなたの悪口を言っている」と嘘をつき、ほかのママ友と疎遠にさせ、「味方は私だけ」などと言って母親に自分のことを信用させます。

次に赤堀は、暴力団とつながりのある〝ボス〟と呼ばれるママ友の存在をでっち上げると、「ほかのママ友から裁判を起こされそうになったが、ボスが介入して示談が成立した」と嘘をつき、母親から50万円を騙し取ります。さらに「ボスの調査で、あなたの夫が浮気をしていることがわかった」と虚偽の報告をして夫と離婚させたうえで、「調査費用はボスが立て替えているので返さなければならない」などと告げ、母親を借金まみれにさせ、生活保護や児童手当といった収入のすべてを〝ボスへの返済〟という名目で奪い取ります。

その結果、母親一家は生活に困窮するようになりますが、赤堀は「ボスが元夫への慰謝料の裁判を起こそうと言ってくれている。勝訴するには裁判所に清貧な暮らしをしているところを見せなければならない」と告げ、赤堀から提供される食事のみで生活するよう命じます。

しかし、赤堀から十分な量の食事が与えられることはなく、また「言いつけを守らなかっ

人間関係を破壊し
孤立させる
信頼関係を築いて
相手の弱みを握る
情報操作によって
恐怖心をあおる
共犯関係の構築による
罪の意識の植えつけ

た罰」と称して、被害者の男児に食事を与えないよう命令するなどしたことから、男児は次第に衰弱。ついには命を落としてしまうことになりました。

裁判で赤堀は無罪を主張しましたが、裁判所は赤堀による母親への支配があったことを認め、懲役15年の判決を言い渡します（その後、判決が確定）。母親は男児の体調不良を認識していましたが、赤堀から「ボスの存在が公的機関に明るみに出たら迷惑がかかる」などと言われていたことから、病院に連れて行くことができなかったと言います。赤堀の命令はそれほど〝絶対〟であったのです。いったん支配されると、たとえ愛する家族であっても死に至らせてしまうほどの虐待に従事してしまう。これがマインド・コントロールの恐ろしさだといえます。

インタビュー

マインド・コントロールをより深く理解するための

西田公昭先生の特別授業 2時限目

■宗教二世と家庭におけるマインド・コントロール

——家庭における躾や教育と、マインド・コントロールの違いはどう判断すべきでしょうか。

躾や教育とマインド・コントロールの違いを挙げるとすると、それが自立を促すものなのか、依存を促すものなのかというところの差だと思います。躾や教育が自由主義の精神に立っているとするならば、「あなたは自分の意志で生きていく力を身につけなさい」ということを教えるためのものでなければいけません。それをなんでも従順に親など権威の「言う通りにしなさい」とか「指示にしたがいなさい」と教えるのは、自分で責任の取れない幼い頃はともかく、大人に近づいても批判的に行動したり、判断することを悪いことだとみなして放棄させるのは日本の憲法からすると本来はアウトのはずですね。こういう話をすると、戦前の古い慣習を持ち出したり、イスラム圏など他文化のことを持ち出して、「そういった教育をしている国もある」と言う方がいるんですけど、これはナンセンスでしょう。それはその社会の法に基づいているからしかたのない話で、日本に住む我々はあくまでも現代の日本の憲法で考えて善悪の判断をすべきです。教育もあくまでその国の制度として作られていて、どんな子どもを育てるのかというのは日本の法律に則って考えれば、少なくとも親に依存するような子どもになりなさいとか、誰かに決められた神様を信じて言う通りにしなさいといった、支配されることを善と教えるのは、現代の日本社会が是とする教育ではなく戦前の教育です。それはマインド・コントロールを是とする社会のものであったと言っていいのではないでしょうか。

――家庭内でのマインド・コントロールから抜け出すにはどのような手法が考えられますか。

マインド・コントロールは日本国憲法から外れた人権侵害を受け入れさせてしまうので、「それは本来この国のルールではない」ということに気づかせることがスタートになると思います。あなたは多様な価値観を認め合う社会とか、自由に人生を選ぶことの価値観を是とする社会にいるんだよ、親を批判してもよい、自分のことは自分で決めてよい、というところに気づいてもらう。

あとは教義の中に非科学的なものが入っているのでなかなか難しいんですけど、それが正しいとは決めつけられないし、嘘とも言えるんだよっていうところは教えないといけないのはあります。たとえば、言いつけを破ると神様から罰が下るとか、地獄に墜ちるとか言われてきたとして、もちろんそれを「嘘だ」も決めつけはできないわけですけど、実際にそうなってない人もたくさんいるということを伝えてあげる。つまり、教義と現実との矛盾ですよね。教義が完全に間違いであることを証明するのも非科学的なので非常に難しいけれど、それを指摘してあげることで、少なくとも今まで教えられてきたことがすべて正しいということは証明できないというところまでは持っていくことはできます。

もうひとつは支援の問題で、教団から抜け出すとなると、やっぱり家族とかそのコミュニティの中での友人といったものすべてを失う可能性がありますよね。未成年だったら、それによって収入を絶たれてしまうかもしれない。そうなると、当然出たくても出られないということになるので、教団から離れてもきちんと生活していける、他に助けてくれる人がいるという環境をつくることが大事です。抜けたあとの自分の未来に希望を感じられるかどうかというのは、マインド・コントロールから抜け出すための非常に大切な要素になります。

――特に未成年の場合は、親と離れてひとりで暮らすといっても難しいものがありますよね。

実際にそれであきらめるという人も多いです。絶望して自殺に至ってしまったことも少なくないようです。だからこそ、親と別れて生活しても大丈夫ですよとなる支援を行うことが大事です。たとえば児童相談所などの公的機関がきちんと住むところや奨学金を用意するといった支援があると、だいぶ違ってくるんですよ。今までのような冷たい対応だったらあきらめるしかなかったと思うんですね。

家出したり、脱会したりする人というのは「教団の言っていることは嘘だ」とか「支配されるのは嫌だ」と否定する人たちなので、そういう人たちの自由を保護して、家を出ても生きていけるという希望を持たせてあげることも行政の果たす役割だと思うんです。その支援がないと たとえ一度は「教団の言うことはなにかおかしいぞ」と感じてコミュニティから離れたとしても、結局は行き場がなくて戻ってしまうことになるんです。

――成人の方でも一度離れてもまた戻ってしまう人がいます。これは、いまおっしゃった支援も含めて、なにかしらの不安を抱えていることが大きな要因なのでしょうか。

まず教義に違反してるわけですから、なにか罰を受けるんじゃないかといった精神的な恐怖感とか不安はもちろんありますよね。それに実際のところ、経済的にはまともに生活ができないし、サポートしてくれる人もいなくて寂しいしといった感情もあります。そうすると、戻ったほうが喜ばれるし、まだましかなと思うようになることもあります。教団の中にいれば、息苦しいけれども、ある意味で悩まずに生きていけるわけですから、だったらもう無理でも信じちゃえとか、結局自分はこれしか生きていく方法はないといったあきらめの感情になる場合もあります。

――脱カルト化の視点で見ると、これはまだ完全にマインド・コントロールが解けていなかったということなのでしょうか。

教義の一部だけを否定した中途半端な状態だったと考えられますね。完全に整理できていれば戻ることはないけれど、心の中になにかもやっとしてる部分があるとそこが増幅してくるんですよ。二世の問題に限定すれば、一世とは違って信じて入ってしまうのではなく、もともと生まれたところには一般とは違う世界観の人々しかいなかったわけです。それが成長して外部の人と接触する機会ができるなかで、次第に「親や教団の言うことはおかしいのではないか」といった違和感を感じるため、マインド・コントロールという意味では完成してしまう前に気づくことが多いのだと思います。たとえば、「言うことを聞きなさい」「自由はよくない」と言われても、外部の人々の生き方を知ってしまえば、そういった制限のない一般的な生活がいいなと思うわけです。

でも、思い切って出てみたら、これまでの生活に慣れすぎていたせいで、自分の意志で自由にしていいと言われてもうまく対応ができない。それで、飛び出しても私の心は支配されたままだ、相談できる人はいないし、それなら元の生活に戻った方が楽だという気持ちになって、結局脱会をあきらめた結果、マインド・コントロールが完成してしまうこともあります。ですから、「宗教二世」で告発的な発言ができている人は、途中でおかしいことに気づいて外に出た人々ですが、他方でいまも悩みを抱えたまま教団に残っている宗教二世の方もたくさんいらっしゃるんですね。そういった人たちの声はなかなか私たちには届かないのですが、彼らが宗教虐待を受けないよう、社会でどのように監視し、介入して支援していくかという事にはまだまだ課題が多いと思います。

CHAPTER 3
なぜ
マインド・コントロールから
抜け出せないのか?

CHAPTER 3

01 いつでも元に戻れると錯覚する

マインド・コントロールに陥りがちな「思い込み」の怖さ

これまで見てきたような、マインド・コントロールに陥ってしまうのには、人間のある心理状態が働いています。それが、「思い込み」です。

いくつかの実験の例を見ながら、説明していきます。

ランガーが行った実験では、宝くじを使いました。

被験者をふたつのグループに分け、ひとつのグループの人には、自分で宝くじの番号を選ばせました。そして、もう一方のグループでは、実験者が選んだ(自分では選べない)のです。そうすると、自分で番号を選べたグループの人は、自分で選べなかった人よりも、4倍もの金額を投資したというのです。

言うまでもありませんが、誰が番号を決めようと、当選確率に変わりはありません。しかし、「自分で選んだ」という思い込みがあると、あたかもそのほうが当選確率が上がるような感覚に陥ってしまうのです。これは、実際のギャンブルなどでも見られる現象です。

次に見ていくのは、ツバスキーとカーネマンの行った実験です。これは、学校でのテストの成績についてのものです。

前提として、テストで極端に良い成績をとった多くの学生は、次のテストではより悪い成績をとり、逆に、平均よりも極端に悪い成績をとった人は、次はその正反対に平均以上の成績をとる、ということが、統計的現象として証明されています。これは、「平均への回帰」①と呼ばれるものですが、実験の結果、人々はこの現象に気づかない傾向にあることがわかったのです。

すなわち、ひとたびテストで悪い成績をとると、次も悪い成績をとるのではないかと思ってしまうし、逆に良い成績をとった人は、次でも良い成績をとると思いがちなのです。そして、これこそが、**知らず知らずのうちに陥っている「思い込み」なのです。**

架空の学生を使った「ハロルド」の実験

最後に、シャフナーが、大学生に対して行った実験を紹介します。

被験者となった大学生は、「ハロルド」という名前の小学4年生の登校時間を教

①これには、1回目の試験で働いた運（偶然）が、2回目では働かなかったため、などの説がある。

育するように指示されます。

しかし、実際にハロルドに会って指導するのではなく、被験者のパソコン画面上に、ハロルドの登校時間が表示され、それに対して「褒める」か「叱る」のいずれかを選択するという仕組みでした。

この実験を続けたところ、多くの被験者が、自分の指導によって「教育効果があった」と答えました。

しかし、この実験で使われた「ハロルド」は、実は架空の存在で、毎日の登校時間も学校も門限時刻の前後10分を、ただランダムに表示しただけでした。つまり、教育効果など出るはずがないのです。

被験者となった大学生は、「自分が指導をしたのだから、効果が上がっていくはず」という思い込みで、そう感じていたにすぎないのです。

これらの実験からもわかるように、**人間は、実際に自分で統制できないことを、統制できると思い込んで行動する傾向があります。**

このような心理は、古くから根づいており、たとえば、祈祷や呪い[②]といった、科学的根拠がないものについても、ある程度効果があるのではないかと錯覚してしまうことからも見てとれます。

カルトなどからの勧誘についても、「いつでもやめて元に戻れる」「とりあえず経験してみよう」と軽く考えてしまうことは、とても危険なことなのです。

---

②深夜に藁人形に釘を打ちつける「丑の刻参り」などが有名。

人はコントロールできないこともできると思い込む

◆宝くじ

宝くじ
012345
012345
BIG
BIG
BIG

自分で番号を選んだほうが、当選する確率が高いと思い込む

◆呪術

科学的根拠はないが、効果があるのではないかと錯覚してしまう

人は、自分で統制できないようなことでも、統制できるのではないかと考えしまう傾向がある

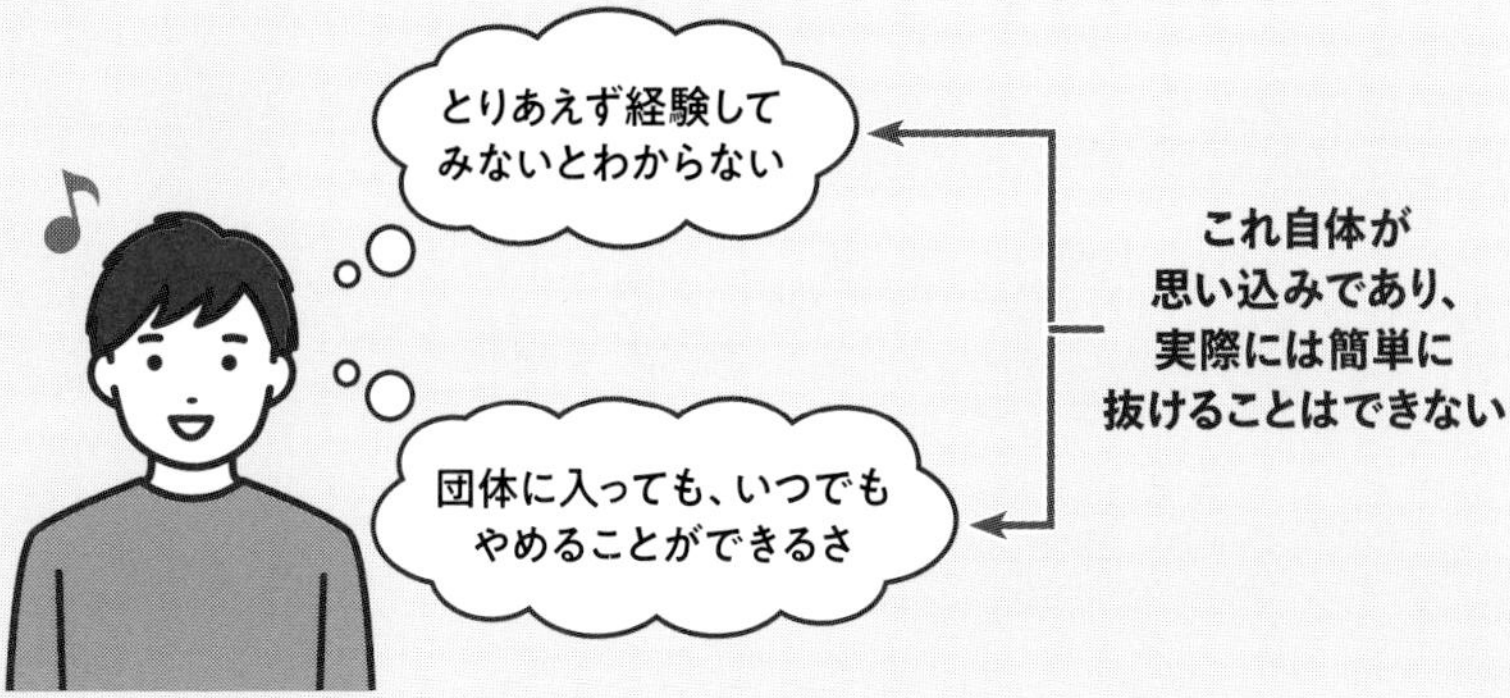
とりあえず経験してみないとわからない
団体に入っても、いつでもやめることができるさ
これ自体が思い込みであり、実際には簡単に抜けることはできない

- さまざまな実験から、人間は自分で統制できないようなことも、コントロールできると思いがち
- カルトなどでも、「いつでもやめられる」「とりあえず経験してみよう」などと考えてしまう
- 思い込みで行動してしまうのは危険が多い

CHAPTER 3

02

相手を支配し続けるための4つのコントロール

情報、思考、感情、行動をコントロールする

ターゲットとなった人の思い込みなど、その心理状態を巧みに利用して、一時的なマインド・コントロール状態に誘導することに成功すると、カルトなどの団体は、次に永続的なマインド・コントロールの維持・強化に入っていきます。

その時点で、対象となる人は、一時的なマインド・コントロールによって、集団への帰属感、忠誠心を感じています。そして、他の集団と比べての優越性も同時に感じていることでしょう。自らの組織の思想が高度であって、自分自身、それをより深く理解しようと努めているはずです。

自らが、そのカルトの一員となったことに、特別の使命感を持ったり、名誉や誇りを抱くこともあります。その一方で、その集団に反逆的な思想をもつことへの罪の意識があり、罰への恐怖心も芽生えます。この時点で、最初の段階の一時的マインド・コントロールでは、まだ不十分なところがあるのです。

では次に、カルト集団が、そのようなメンバーに対して、どのような方法を使って、その心理を維持・強化していくかのテクニックについて見ていきましょう。

☑ 情報コントロール

情報のコントロールは、メンバーに届けられる外部からの情報を遮断するところから始まります。そのために多く用いられるのが、①閉鎖された空間での生活です。破壊的カルトの集団では、広大な土地を確保して、自らのコミュニティを作るという行動がよく見られます。そこに「出家」と称して移住し、集団生活を送るのです。そこにできた社会は、まるで「鎖国」のようであり、メンバーになった人は、一切の過去を捨てて、そこにやってきます。

その際、以前に所有していた物や財産はすべて寄付させられることが多く、これによって、外部からの情報がメンバーには直接届くことがなくなります。

このような物理的なコントロールだけではなく、時間的な面でも制約がかかります。毎日の生活は、スケジュールが細かく決められ、起床から就寝まで、自由時間もあまり与えられません。当然そんな生活では、通常の情報収集をする時間などは取れないのです。

これらの情報コントロールで、まずなされるのは、「隠ぺい」です。集団にとって、

①この点については、洗脳と手法は似ている。ただし、マインド・コントロールの場合は、あくまでも、メンバー自身の判断によりそこに来ている、という前提である。

都合の悪いことが、メンバーに伝わることがないよう、徹底的に隠されます。

何か情報が入ってきても、集団に都合のいいように変換されたり、解釈したものが、伝わるようにコントロールされています。

そして、極めつけは「一面をアピール」することです。隔離された場所にいる人には、自らの集団内部で広報している新聞や雑誌などのみを読めるようにしておき、そこに書かれている、集団に都合のいいことを強調して、アピールするのです。

思考コントロール

情報の次にコントロールされるのは、本人の思考です。ここでも、さまざまな手法が使われますが、まず重要なのが、「プライミング」と「ヒューリスティック」です。

「プライミング」は、火をつける、という意味があり、ある特定のビリーフを呼び起こさせて、思考経過を誘導するテクニックです。「ヒューリスティック」は、発見的手法という意味の心理学用語で、それまでの経験などを元に、確実ではないのですが直感的にすばやく正解に近いと信じる答えを導き出すことができます。

これらの手法を使って、**メンバーの思考をコントロールするには、その元になる信念や教えを、頭の中に入れていくことが重要になります。**

そして、それを実現するために、徹底した教義の反復学習が行われます。オウム真理教では、教祖の言葉を録音したテープを1000時間以上聞くことを要求されたといいます。また、他のカルトでは、繰り返し同じ講義を受け、教義にしたがった生活を想起させるために、毎日日誌を書かされたところもあります。

このようなことが行われると、集団の思想が頭に刷り込まれ、なにかあったときに原因を考えようとすると、それがすぐに思いつくようになるのです。つまり、深く考えると異なる原因が考えに及ぶ場合も、気づかないままに終わってしまうのです。

感情コントロール

カルトによるマインド・コントロールで、操作者はメンバーの感情も支配するようになります。

もっとも顕著なのは、自分たちの集団（内集団）に対しては、好意的な感情を抱かせ、外部の人たち（外集団）については、否定的な感情を抱かせるよう仕向けることです（13ページ）。

やがてそれは、社会的なアイデンティティと個人のそれが融合することになり、**自集団のメンバーであることに強い優越感や誇りを感じ、その一方で外の人たちに対しては、冷笑的な態度をとるようになります。**

次に特徴的なのは、無力感と依存心です。集団の中の一員として活動することに

②これは、思考のコントロールであると同時に、行動の制限という側面もある。

より、個人は「非個人化」を起こし、組織と自己を同一化していきます。

そこでは、個人はどんなに努力しても、ひとりの力では目標は達成できないという無力感を味わいます。それと同時に、集団のトップ、カルトであれば教祖に依存する気持ちが強くなるのです。

最終的な感情コントロールとも言えるのは、恐怖感です。集団での教育により、そこから離脱したり、反発したら悲惨な事態を招くという③恐怖心が喚起されるように仕組まれています。

行動コントロール

最後にコントロールされるのは、行動です。行動というのは、その心理状態に直結します。カルト集団において、④習慣化によってメンバーにふさわしい行動をするようになると、アイデンティティの形成が促進されるのです。

また、**行動に対する賞と罰も大きな要素です**。集団内でのすべての行動が把握され、それが報いられるか罰せられるかの評価対象になります。自己犠牲を払うことも推奨されるため、本来の欲求との間で⑤矛盾が発生します。これは「認知的不協和」（135ページ）と呼ばれ、この状態の**プレッシャーの中で生活するうちに、マインド・コントロールが進んでいくのです。**

---

③ほかにも、外にいる自分の家族や友人が、外部の集団に操られて、自分たちを拉致しようとしている、といった恐怖感を感じる場合もある。

④睡眠時間を十分に取らせない、食事を制限する、過重労働などの習慣化をさせることがある。

⑤なにかを信じて楽になりたいという心理の一方で、現状の苦しさから逃げたいという感情もあり、そこに矛盾が生ずる。

マインド・コントロールを構成する要素

思考コントロール
- プライミングとヒューリスティック
- 自己確証バイアス
- 行動確認過程（予言の自己成就）

情報コントロール
- 隠ぺい
- 虚偽
- 一面アピール

感情コントロール
- 社会的アイデンティティ
- 無力感と依存心
- 課題の切迫感
- 集団離脱の恐怖感

行動コントロール
- 自己知覚
- 賞と罰（条件づけ）
- 認知的不協和
- 身体疲労（睡眠、栄養不足、過剰労働）

これらのさまざまなコントロールによって、永続的なマインド・コントロールが施されていく

- マインド・コントロールは、情報、思考、感情、行動を、さまざまな手法によってコントロールされることによって成り立つ
- 一度このようなコントロールをされると、集団内での従順さを維持、強化するため、さらなるマインド・コントロールがなされていく

CHAPTER 3

03 予言が外れても信じ続ける理由

カルトでされがちな「予言」「神の啓示」

破壊的カルトの活動の中で、しばしば見られるのが、未来に対する予言です。それは、教祖自身の言葉である場合もあるし、またさらに上の存在である「神からの啓示」として示されることもあります。

得てしてその内容は衝撃的です。「大洪水が起こる」「最終戦争が勃発する」「人類がほぼ滅亡する」など、信仰している人以外には、にわかに信じられないようなことばかりです。しかし、集団の内部にいて、マインド・コントロールされている人たちは、それを信じ、さまざまな準備をします。なぜなら、その予言の最後には、決まって「自分たちの教えを守り、修行をすれば助かる」というような言葉がついてくるからです。

しかし、実際のところはそのような予言は外れ、人類が滅亡するようなことはありませんでした。では、そうなったときに、カルトの信者たちはどうするでしょうか。普通に考えれば、「予言は当たらなかったし、教えも嘘だったのだ」と言って、集団を離れそうなものですが、実はそうはならないのです。

信仰を続けさせる「認知的不協和」と「心理的拘泥現象」

カルトにおいて予言が外れた場合、信者たちの心の中では、「認知的不協和」が発生します。前の項でも書いたとおり、これは、自分の頭の中で考える知見や信念などと、現実に起こったことが食い違い、矛盾が発生したことで起こります。このとき、人間は緊張状態に置かれ、不快感を覚えます。そして、その緊張を低減させるため、自己の考えを適応させようとするのです。

適応のさせ方には、いくつかのパターンがあります。まず考えられるのは、**行動に関する認知要素を変えるという方法です**。それまで信じていたカルトの教えが、現実のものと矛盾したため、教えを放棄してその団体を脱会する、という至ってシンプルな対処法です。しかし、人の不協和への対応は、なかなかこのように単純明快にはいかないことのほうが多いものです。

次に、**環境に関する認知要素を変える方法があります**。これは、「予言が外れた」という認知を、なにかささいな事件を指して、「実はこれは予兆で、あの予言はこれから起きるのだ」と、①解釈を修正するようなパターンのことです。期日や規模があいまいな表現での予言は、このような解釈修正が容易にできるようになっています。

そして最後が、**新しい認知要素を付加するというものです。**先ほどの予言の例で言えば、「我々が熱心に祈ったり修行をしたりしたために、神様が救ってくれたのだ」というように、都合のいいように解釈をします。そのメンバーはもちろんですが、マインド・コントロールをしかけている側も、同じような言い訳をして、信者の中に発生した認知的不協和を解消させようとすることでしょう。

このような状況を作り出され不協和が解消されると、集団は、それまで以上に②信仰心や結束を強くすることになるのです。

もうひとつ、予言が外れるなどして、信じるものに疑問をいだいても、なかなか考えを変えられない要因として、「心理的拘泥現象」があります。

これは、なにか状況が変わった場合などでも、これまでにかかった苦労を無駄にしたくないという気持ちや、自分の考えが間違っていたということを認めたくない、といった考えから、③一度信じたことがらを変えられない心理状況のことです。

カルトであれば、それまでに寄付をしたお金や、家族との対立、苦しい思いをした修行など、もし考えを変えてしまえば、「あれは無駄な労力だった」と思わされることがたくさんあるでしょう。そういったことが多ければ多いほど、よりこだわりが強まり、考えを変えることができなくなるのです。

---

①たまたま起こった小さな地震を、「天変地異の規模が小さくなった」と言って、予言に当てはめるような場合もある。

②このような効果を狙って、教団側があえて予言を外させることもあると考えられている。

③このような考えから脱するために、企業の意思決定などでは、あえて反対意見を言うというような手法を取る場合もある。

予言が外れた時の心理状態

◆予言
○月×日
地球が滅びる！
○月×日何も起こらず、
予言は外れる
◆信者の心理
神様が救って
くれたのだ
これまで長く
信じてきたのだから、
間違うはずがない
認知的不協和を、
自分の中で解釈する
心理的拘泥現象が
起きる
より信じる気持ちが
強固になる

- 予言が外れた場合など、これまで信じていたことが違っていた場合、認知的不協和が発生する
- それを自分の中で解釈することにより、より強固な信念が生まれる
- 長く信じていたことに対しては、「それまでの自分を無駄にしたくはない」という心理的拘泥が起こり、信じることをやめない

CHAPTER 3

04

自らの意志で大金を献金する理由

集団の中で「自己」がなくなっていく、自己封印システム理論

カルトの活動で一番多く問題とされるのは、やはりお金でしょう。多くの宗教では、「お布施」「献金」といった名目で、信者から多額の①お金を集めます。

ここでは、信者が多額の献金をしてしまう心理状態を、「自己封印システム」の観点から見ていきます。

アメリカの社会心理学者ラオリッチ(Lalich)によれば、マインド・コントロールされている人の心は、141ページの図のように、さまざまな影響力によって、自己が封印されている状態にあるとされています。左上から順番に解説します。

まず、第一にカリスマ的権威です。**集団のリーダーは、特権をもって命令を下します。リーダーは、その権限を持ちうるだけの、理想的人物像ないしは神のような存在としてあつかわれます。**信者からは、憧れ、崇拝、畏敬の対象となり、同一化

①上限や目安が決められている場合もあるが、なかには所有している全財産を提供させたり、借金をしてまで献金させたりというような悪質の団体もある。いずれの場合も「信者が自発的に提供している」という前提のため、裁判でも返金が難しいケースが多い。

すべき対象として位置づけられます。彼の言動によって、信者が果たすべき多くの目標が設定され、そのための行動に合法性を与えるのです。

次に、超越した信念のシステムです。これは、メンバーに対し、独特の世界観を提供するものです。**実際には実現不可能な世界観を、あたかも現実的なものとして教え込み、人生の意味や目的が得られた感覚を味わわせます。メンバーからすれば、それを完全無欠の思想のように思い込み、目的や誓いを立ててきます。**さらに、それを内面化して、自分のビリーフ・システムに組み込むことで、いかなる矛盾も自分の解釈ミスととらえさせるように仕向けられています。

次は支配システムです。これは、信者をコントロールするための組織構造を意味します。**生活する上での規制や取り締まる規約、制裁や罰を手段に用いた信者の行動体系と倫理綱領などによって構築されます。これによって、歯向かう者や指示にしたがえない者は、監視の目によって捜し出され、厳しく罰せられるのです。**集団によっては、この罰によって命を落とすことさえあるのです。

最後は、影響システムです。これは、社会生活の規範、あるいは集団文化となってメンバーの自己を封鎖する役割を果たします。**集団がメンバーに期待する生活のために、制度化された集団規範や、構築された行動綱領が設けられ、同輩のメンバーやリーダーの影響力、模範的な行動をモデリングするなどの方法で実行されます。**集団に同調することが望ましいとされ、こまれでの自己を否定して集団生活に没入し、集団目標の達成に従事することが必要だと感じるようになります。つまり、信者はリーダーや他の信者たちと完全な一体化を果たすように仕組まれているのです。

自己封印された「私」に起こる変化

これらの4つのシステムによって閉じ込められた「私」では、自発的な意思決定の活動が封印され、当人の意思は自由の中にあっても、行動選択が拘束される状態になります。[②]

システムが与えてくれた自己の人生の「目的」を知り、その実現に向けた「誓い」を立てます。同時に、そのような素晴らしく魅力的な人生を提供してくれるカリスマ的権威を、心から崇拝し、「愛」するとともに、その偉大さに逆らうことへの「恐怖」をいだきます。これらの感情が核となって、命令された課題を遂行する「義務」と、それにしたがえないときの「罪」の意識が与えられます。

さらに、信者は、**このような卓越したシステムを実現させた教祖などの最高リーダーや、自分よりも実現に向けて近いところにいる信者への、完全な「一体化」を目指して、そのビリーフ・システムを「内面化」するように仕向けられます。**

このようにして、カルトの信者は、完全に思考も心も集団に操作されます。信者が自分の意思で大金を献金する背景には、このようなシステムの働きがあるのです。

---

②マインド・コントロール下においては、自分の行動が制限されていることにすら気づかない場合もある。

自己封印システム

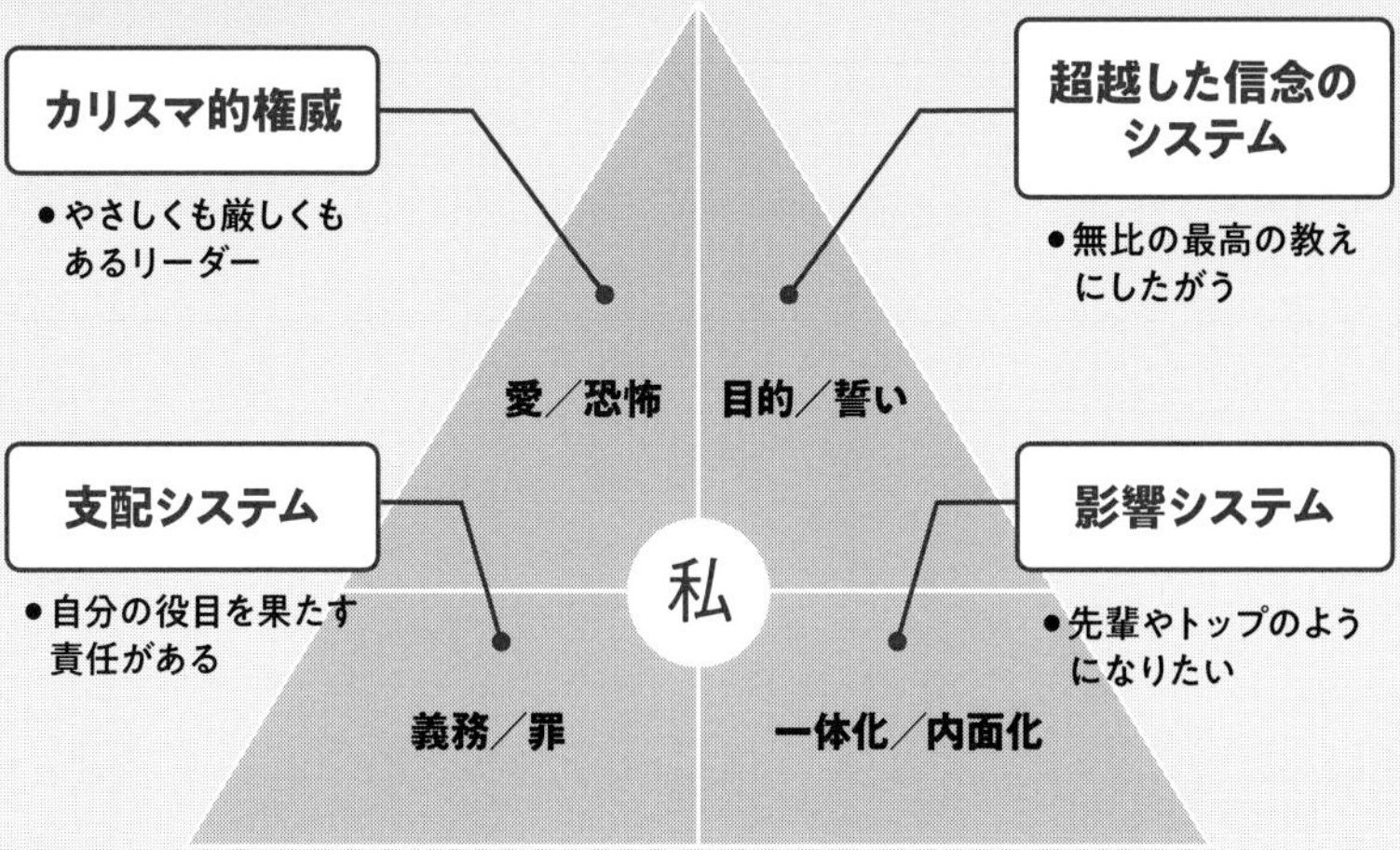

カリスマ的権威
●やさしくも厳しくもあるリーダー
超越した信念のシステム
●無比の最高の教えにしたがう
愛／恐怖
目的／誓い
支配システム
●自分の役目を果たす責任がある
影響システム
●先輩やトップのようになりたい
私
義務／罪
一体化／内面化

（出所）Lalich,J 2004 Bounded Choice.

これらの仕組みにより、命令された課題を遂行する「義務」を感じ、それにしたがえないときは「罪」の意識を感じる

↓

自分の義務として、大金を献金してしまう

- マインド・コントロールされると、集団の中でのさまざまなシステムによって、自己が封印されてしまう
- 集団のリーダーや、他のメンバーと自己が一体化し、与えられた課題に対して「義務」や「罪」を感じるようになる
- その「義務」から、大金を献金してしまうようになる

COLUMN

オウム真理教事件

オウム真理教の成り立ちと勢力拡大

オウム真理教は、1980年代の終わりから1995年まで、凶悪な事件を多数起こしていた、破壊的カルト集団です。ここでは、オウム真理教がどのような団体で、どんな手法を用いて信者をマインド・コントロールしていったかを見ていきます。

オウム真理教の元となる「オウム神仙の会」は、1985年にヨガサークルとして発足しました。1989年には東京都の宗教法人認証を獲得し、「オウム真理教」と名乗るようになります。

その後、テレビなどで取り上げられる機会が増えたこともあり、信者数も増加、国内だけでも約1万人、出家者は約1200人に上りました。

教祖である麻原彰晃（本名・松本智津夫）の主張は、世界は終末期にあり、まもなくハルマゲドン（最終戦争）が起こる、その際、神々に選ばれたものだけが生き残れるが、そこで救済者になれるのは自分と自分にしたがう信者だけだというものでした。

●オウム真理教の起こした主な事件

日時	事件名	概要
1988年9月22日	在家信者死亡事件	教団内ではじめて起きた死亡事件
1989年2月10日	男性信者殺害事件	教団から脱退しようとした人物を殺害
1989年11月4日	坂本堤弁護士一家殺害事件	教団と対立していた弁護士一家3人を殺害
1993年6月6日	逆さ吊り死亡事件	脱会を希望した信者を逆さ吊りにしたことによる事故死
1994年1月30日	薬剤師リンチ殺人事件	信者を脱退させようとした薬剤師を殺害
1994年6月27日	松本サリン事件	長野県松本市でサリンを散布。8人死亡、約600人が負傷
1994年7月10日	男性現役信者リンチ殺人事件	スパイと疑った信者を殺害
1994年12月12日	会社員VX殺害事件	スパイと疑った人物をVXガスで殺害
1995年2月28日	公証人役場事務長逮捕監禁致死事件	脱会した信者を匿った人物を監禁し殺害
1995年3月20日	地下鉄サリン事件	都内の地下鉄にサリンを散布。13人死亡、負傷者5800人以上

繰り返された凶悪犯罪

このような教義を掲げて活動する裏で、オウム真理教は数々の凶悪犯罪を行っていました。

1989年には、教団の被害者を集めた会を組織していた坂本弁護士一家を殺害、1994年に死者8人を出した松本サリン事件、そして1995年の地下鉄サリン事件へとつながっていきます。

地下鉄サリン事件は、通勤通学の人でごった返す東京の地下鉄3路線、5車両で猛毒ガスであるサリンを散布し、死者13人、負傷者5800人以上を出すという、未曾有の無差別テロ事件でした。

他にも、教団内でのリンチ殺人事件やVX

ガスでの殺人事件など、教団が関与した事件は、枚挙にいとまがありません。

これらの事件はいずれも、教祖麻原の命令により、一部の信者が行ったことでした。ほとんどの信者は、教団がそのようなことを行っているとはまったく知らず、教祖のいうとおりにするのが修行と信じ、お布施を集めたり、布教活動をしたりしていたのです。

オウム真理教のマインド・コントロールの手口

オウム真理教の組織の中でもっとも特徴的なのは、教祖である麻原彰晃のカリスマ的全体主義による支配体制です。

信者は、リーダーである麻原を絶対的に崇拝します。その麻原が、犯罪行為を正当化するような教えを説いていたのです。たとえば、法律上は殺人となるような罪を犯したとしても、それは今の社会が目覚めていないからで、真に覚醒したレベルから見れば、その人は救済されたのだというような具合です。

また、信者がコントロールされてしまう背景には、過酷な修行の効果もあります。教祖は信者に、身体や心理を極限に追い込んで修行することが、唯一の救済の条件だと教えていたのです。具体的には、教祖をイメージしながら全身を床に擦りつけるような礼拝を、8時間に1時間だけの休息で600時間連続で遂行する（つまり、1カ月ほぼ不眠でくり返す）、教祖の歌や短い文言のくり返しをエンドレステープで長時間聴き続けるなど、非日常的で過酷な行為も求められました。

さらに、教義や教祖の意思に反し、自分の考えを主張するようなことをすると、叱られたり、罰を与えられたりするため、それを恐れて、何も考えずに言われたことをやるのが習慣になっていきます。

その上で巧みであったのは、極限状態と恐怖で絶対服従が行われている一方、信者の心の中に、修行することで救済者になれるのだという優越意識や誇りも芽生えさせていたことです。信者は、そのような環境に没入していくうちに、一般社会の常識を麻痺させ、犯罪行動への抵抗感も鈍くなっていったと考えられます。

地下鉄サリン事件後の3月22日、警視庁は教団施設への強制捜査を実施、数々の犯罪行為を行った信者を逮捕していき、5月11日には、教祖の麻原も逮捕されます。

裁判の結果、麻原を含む13人が死刑となり、2018年7月、全員の刑が執行されました。信者などからの証言により、マインド・コントロールの実態が明かされはしたものの、最終的に麻原から事件の真相が語られることはありませんでした。

オウム真理教は解散命令が出されましたが、今も後継団体が活動しています。また、そのほかにも、多くの問題を抱えるカルト宗教は後を絶ちません。いま一度、このような集団がなぜ出現したのか、それを考える必要性は、今なお残っているのです。

CHAPTER 3

05

もし家族や恋人がマインド・コントロールされたら？

マインド・コントロールの特徴と離脱のパターン

ここからは、もし身近な人がマインド・コントロールされたら、どうやってそこから救い出せばよいかを説明します。

まずは、本人が本当にマインド・コントロールされている状態であるかを確かめましょう。**手がかりとなるのは①表情です。疲労感、恐怖感、敵意、優越感といった表情が見えることが多くなります。そして、彼らは、外部の者からの情報に対して、すべて否定的になり、真剣に聞こうとはしなくなります。**このような様子が見られたら、マインド・コントロールを疑ったほうがいいでしょう。

一般的に、カルトなどから脱会するには、信者の自力発見、教団への幻滅、教団からの追放、教団からの逃亡、外部の人の介入、教団の強制離散といったケースが考えられます。

いずれの場合も、特殊なカウンセリングとリハビリテーションを行わなければ、

①もちろん、自分の本心を悟られないように、あえて笑顔を作っている場合もある。注意深く観察することが必要。

完全にマインド・コントロールを解くことはできず、②またカルトに戻っていってしまう場合も多くあります。対応を間違うと、何度も同じことをくり返すことになるので、経験豊富な脱会カウンセラーに相談することが望ましいでしょう。

脱マインド・コントロールの手順

マインド・コントロールから脱させるカウンセリングでは、とにかく③説得が中心になります。これにより、**相手に「自分はマインド・コントロールされていたんだ」と気づかせる必要があるからです**。では、その手順を見ていきます。

まずは、相手に十分な休養を取らせます。カルトの集団などでは、肉体的・精神的に追い詰められていることが多くあります。そのためにも、じっくりと思考を巡らせ、**自分を見つめ直すだけの、体力と気力を取り戻させるのです**。

次に、団体の問題点を指摘します。そして、どういう理由で自分たちが、脱会に向けて動いているかを説明します。時間はかかりますが、団体の教えや規律に対し、本人たち自身に疑問を抱かせ、考えさせなければなりません。そのためには、相手以上にそのカルトの教義を知らないとなりません。また、信者の心情、マインド・コントロールについての知識も必要です。

考えが変わってきたようであれば、**いだいている恐怖心を除去します**。これまで

---

②脱会したカルトとは限らず、類似した別のカルトに入ってしまう場合もある。

③説得者は、相手の論理の矛盾を突くなどしなければならないため、教団の教えや規律について、十分な知識を得ておく必要がある。

に離脱した元メンバーが、現在、何事もなく暮らしているというような情報を伝えるだけでも、脱会に対する恐怖心は取り除けることがあります。

　ここまで来たら、教えられている思想の矛盾点と、マインド・コントロールについての説明を行っていきます。ある程度冷静に聞けるようになっていれば、教団の「おかしな点」に気づけるはずです。自身が、集団に入る前、どんな考えや生活をしていたかを思い出させることも重要です。それにより、現在の自分を客観視させ、その行動や意思に疑問点を感じさせるのです。

　脱会した元メンバーの体験談も有効です。同じ経験をしていれば、自分も元の生活に戻れるという勇気が湧いてくるでしょう。

　以上のような手順をふんで、脱マインド・コントロールのためのカウンセリングは行われます。ただし、どの段階においても、すぐに社会復帰することはできません。何度も、考えを変え、集団に戻ろうとしてしまうこともあります。説得する側は、それでも根気よくこの手順を実行する必要があります。**人によっては、マインド・コントロールから完全に解放されるまで、十数年以上かかるケースもあるのです**。また、精神的、肉体的に後遺症が残る場合もあるため、それに対応するリハビリテーションを受けなければならない場合もあります。つまり、これは大変困難なことであり、大きな危険をともなう行為なのです。中途半端な知識で介入すると、かえって問題をこじらせて、対立が深まってしまう例が後を絶ちません。

脱マインド・コントロールのための手順

十分な休養をとらせる

↓

加わっている団体の、
どこがなぜ問題かを指摘する

↓

なぜ脱会させようとしているかを考えさせる（動機づけの形成）

↓

元メンバーが、離脱後、何事もなく暮らしていることを伝える
（敵意と恐怖心の除去）

↓

団体の思想の矛盾や問題点を、できるだけ客観的に説明する

↓

メンバーになる前の行動や意思を思い出させる

↓

元メンバーで、脱会した人の体験談を聞かせる

脱マインド・コントロールへ

- マインド・コントロールを解くためには、経験豊富なカウンセラーに協力を依頼する
- 手順を追って、丁寧に説得をする
- 脱会後、後遺症が残る場合があるため、リハビリテーションも必要となる

CHAPTER 3

06 マインド・コントロールされないための心得

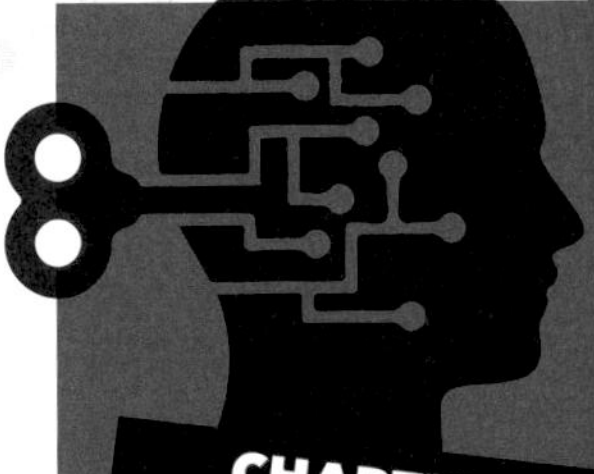

☑ マインド・コントロールから身を守る10の方法

マインド・コントロールは、**特に心が弱っているときに受けやすくなります**。そんなときほど自分の判断力を過信せず[①]、次のような点に十分注意してください。

(1)つねに誠実でなくてもよい

誠実であることはいいことですが、時と場合によっては、行動が一貫していなくてもいいのです。関わると危険だと感じる相手との約束は破ってもかまいません。

(2)相手の誘いを断ってもいい

人は、相手に悪く思われたくないという心理から、誘いを断れなくなることがあります。しかし、これも「なにかおかしい」と気づいたら、「思っていたのと違いました」と言って、すぐにその場を離れるべきです。

(3)答えをすぐに出さなくていい

なにかの決断を迫られたとき、すぐに決められない場合は、保留にしましょう。

---

① 「自分はつねに冷静だ」「自分の判断に間違いはない」と思っているほど、危険な場合がある。

信頼できる人に公正な意見を聞いたり、インターネットで信頼できる情報を複数確認するなどして、じっくり考えてから答えを出せばいいのです。

(4)知らないことを恥じなくていい

「こんなことも知らないの?」「君なら知っていると思うけど」というようなあおりやお世辞に乗らないようにしましょう。知ったかぶりをすることは得にはなりません。きちんと理解できるまで説明してもらいましょう。

(5)難しい問題には単純な正解はないと心得る

特に宗教のカルトなどは、人生観や人間関係に対し、あたかも正解であるかのような教えを持っていることがあります。それを聞いて、パッと視界が開けるような気がしたら要注意です。複雑な問題に②、単純で明快な答えなど絶対にないのです。

(6)すぐに親しくなろうとする相手に注意する

人の性格によって、人間関係の距離感というのは変わってきます。しかし、愛情や友情、信頼などは時間をかけて作り上げていくものです。会ってすぐに、必要以上に距離を縮め、親しくなろうとしてくる相手には注意をしましょう。

(7)おかしいと感じたら全力でその場から逃げ出す

セミナーや商品販売、宗教の会合など、マインド・コントロールは、さまざまな形態であなたに迫ってきます。なんだか雰囲気があやしい、拘束されているというように感じたら、すぐにその場を離れましょう。

---

②「人生の意味」や「幸せとは」といった問題に、簡単な答えは出ない。それぞれが、それぞれの思いのなかで考えること。

(8)他人に依存しないで自分で考える

家族や友人など、誰にも依存せずに生きることはできません。しかし、あなたが生きているのは、あなた自身の人生です。必要以上に他人に依存していないか、考えてみましょう。「あの人がいないと生きていけない」「あの人の言う通りにしておけばいい」というような状況にならないよう、自分で考える癖をつけましょう。

(9)従うことに慣れてはいけない

会社や学校、地域のコミュニティなど、したがわなければならないルールや規則は数多くあります。しかし、いずれの場合もただ無頓着にしたがうのではなく、「何のためのルールか」「本当に当たり前のことなのか」と自問しましょう。拘束に慣れず、敏感に考えることが大切です。

(10)できる限り情報を集める

今は昔に比べ、情報を集めやすい時代です。どこかしっくりこない内容の話や、気になった情報などは、簡単に受け入れず、とにかく幅広く調べてみましょう。うまい話ほどまやかしではないかと疑うような感覚を養ってください。

以上、10の方法を挙げましたが、**何より大切なのは、「自分の身は自分で守る」**[3]**という意識です。**自分を見失わないよう、そして、他人に自分を任せないよう、常に冷静に自分をコントロールする力を身につけてください。

---

③家族や友人たちとの関係は大切だが、そこに過度な期待はせず、自分自身と向き合うことが重要。

支配から身を守る方法

◆支配から自分を守る10の方法

1. つねに誠実でなくてもよい
2. 相手の誘いを断ってもいい
3. 答えをすぐに出さなくていい
4. 知らないことを恥じなくていい
5. 難しい問題には単純な正解はないと心得る
6. すぐに親しくなろうとする相手に注意する
7. おかしいと感じたら全力でその場から逃げ出す
8. 他人に依存しないで自分で考える
9. したがうことに慣れてはいけない
10. できる限り情報を集める

特に

●何かに悩んでいるとき

●不安なとき

●ものごとがうまく運んでいないとき

は注意が必要

「自分の身は自分で守る」のが基本

- ●マインド・コントロールをされないためには、いくつかの心構えが必要となる
- ●悩んでいるとき、落ち込んでいるときなど、心が弱っているタイミングでマインド・コントロールされやすい
- ●「自分の身は自分で守る」との心構えを持つことが大切

インタビュー

マインド・コントロールをより深く理解するための

西田公昭先生の特別授業 3時限目

■騙されないための心得とマインド・コントロール研究の今後

――なりすまし電話詐欺の被害者のなかには、ニュースなどで手口を知っていたにも関わらず騙されたという人もいます。知識として知っておくことは大事だと思いますが、それ以外でどのようなことに気を付けるべきでしょうか。

なりすまし電話詐欺の被害者に限定して言うと、知っているでは確かにダメで、なりすまし電話詐欺がかかってきたときの対応を練習しておくことが大事だと思います。咄嗟の対応と言った方がいいかもしれませんが、詐欺というのはこちらが予想していないタイミングで急に攻撃を受けるわけですから、そのときに正しい対応をするのは、練習なしできるわけがありません。これは、なりすまし電話詐欺に限らず、どんなことでもぶっつけ本番でうまくできることなんてまずないのと同じことです。

その意味では、警察の対策もまったく足りないと思います。警察はよく特殊詐欺防止のキャンペーンを行っていますが、地域の住民を集めても基本的に「気を付けましょう」といった精神論が中心です。しかし、「騙されないぞ」と思っていれば被害に遭わないというのはナンセンスです。大事なのは、いろんなタイプの詐欺電話がかかったきたときに、どう対応すべきかをシミュレーションすることですから、せっかく対策イベントを開催するのであれば、防災訓練のように実際に警察官が犯人役となって来場者になりすまし電話をかけて、対応を練習してもらうといった参加型のほうがよほど効果があると思います。

また、そうした電話がかかってきたときに、「こんな話が来てるけど聞いてる？」とか、「この話おかしくない？」といったことを、すぐに相談できる相手を作ることも大切です。そのためにも、近所付き合いも含めた社会のネットワーク作りや強化というのは重要な課題だと思います。あと、なりすまし電話詐欺に関してはスマートフォンがこれだけ普通化しているのですから、固定電話をやめるというのもひとつの手だと思います。その上でお金の話をするときは、テレビ電話に切り替えるというのを国民的なルールにすればいいんです。お金の話をするならテレビ電話にするのが常識という社会になれば、なりすましも簡単にはできなくなります。

――この本でも紹介した「尼崎連続殺人・傷害事件」や「笹栗男児餓死事件」のような、いわゆる「個人カルト」の問題も注目されています。こうした事件の主犯のような人物は、他人を支配する手法というものを本能的に身に着けているものなのでしょうか。

欺瞞的な対人関係の形成・維持・強化を実践する中で、成功や失敗を経験していくことが大きいだろうと思います。サイコパシー的な人物というのは、他人を自分が得をするための道具としか考えないわけです。だから誰だって騙すし、そうしたことを繰り返し行っているうちに、こういうテクニックを使えば人は信じる、騙せるということを学習していく。ですから、その手口には類似性が生まれていて、誰に指導されたわけではないとは思うのですが、同じようなやり方をする感じになります。

ただ、「篠栗男児餓死事件」で友人を支配した赤堀は、おそらく「久留米看護師連続保険金殺人事件」を模倣したように思います。赤堀は久留米出身で、地元での事件ということで報道などでもよく見聞きしていたでしょうし、この事件も主犯は自分を重ねやすい同年代の女性が友人を騙していますから、学びやすかったはずです。今後もこうした個人カルトの手口を模倣した犯人は出てくる可能性はあると思います。

――SNSの多様化や、チャットGPTなどのAIの進化によって、ネットを介してのマインド・コントロールは、今後どのようになっていくと考えられますか。AIを使ったマインド・コントロールの登場などもあり得るでしょうか。

SNSに関してはマインド・コントロールをしかける側が、地域を越えてターゲットに接近できるというメリットが大きくあります。そしてもうひとつ、SNSを利用すれば個人情報をこっそり獲得してしまうということができるんですね。そうするとその対象者の脆弱なところを見つけやすい。前もってそれを見つけておいて、支配をしかけていくということが非常にやりやすいわけです。実際、最近起きている詐欺はターゲットの情報たっぷりと知った上で近づいてくるので、なりすましもうまいし、対策が難しくなっているんです。SNSが今後さらに多様化して利用者がどんどん増えてくると、こうした詐欺についても次から次へと新しいパターンが生まれていきそうな気がします。特に怖いなと思うのは、自分の個人情報がどれぐらい流出しているのかについて、みなさんあまり深く考えていないのかなというところで、マインド・コントロールをしかける側にとってそういう無防備さは非常にやりやすい環境だといえます。チャットGPTについても個人情報をAIに覚えさせていくわけですから、そういう意味では悪用されてもおかしくないと思います。

あと、チャットGPTなどのAIについては、技術が進化していくと、AIは賢くてなんでも正しいこと知っているというふうにどんどんなっていく可能性がありますよね。今の段階だと、僕は自分の専門領域だったらAIの言うことが「それはちょっと違うぞ」と思ったりすることもあるんですけど、そういう間違いがどんどんなくなっていったら、やっぱり頼り甲斐のある知識ベースになるわけです。

すると、いずれは「チャットGPTがこう言っているんだから」という権威づけになることが考えられます。そういう時代が来たときに、影でそのAIを操ることができれば、AIという権威のもとに「AIの意見には従うのが正しい」という話になってしまって、人を支配する手段として使うことも十分に想定できます。その意味で、影の支配者にとってみればAI崇拝というのは非常に便利な状態でしょうね。すでに映画などのフィクションでは、そうした世界は描かれていたりするんでしょうけど、現実社会でもそういう時代は近い将来きますね。

――西田先生はマインド・コントロール研究を応用したテロ対策の研究も行っています。この研究について教えてください。

オウム真理教の事件では、マインド・コントロールで普通の市民を過激化させて、さまざまな重大犯罪を実行させたわけですけど、こうした事例は日本だけではなく世界的にあるんですね。有名なところでは、この本で紹介しているアメリカの人民寺院事件がそうですし、それ以外でもFBIと銃撃戦を繰り広げたブランチ・ダビディアンも普通の人だったはずの信者が過激化した例といえます。こうした事例は、マインド・コントロールによって人を過激化させることができることを示しているのですが、こうした過激化のメカニズムは、自爆テロを実行するようなイスラム過激派の人々にも当てはまるということがさまざまな研究でわかってきたんです。つまり、自爆テロを行う人は、もともと過激な思想を持った人だったわけでなく、普通の市民が支配されてテロリストになっているということです。

そうなると、逆にそうした人々の〝脱過激化〟ができれば、暴力による民族闘争といったことの解決につながるのではないか、ということが2010年頃から国連の中で言われるようになって、それまでの武力による対策とは別のコミュニケーション技術を用いて脱過激化を図る手法として、暴力的過激主義対策（CVE）というものがスタートしたんです。それで日本もオウム真理教の事件があって、信者の脱カルト化といったことも行ってきたこともあり、私のところにも国連からCVEを考えてほしいという要請が来たというわけです。ですから、国内でこの研究をやってるのは私ぐらいかもしれないですけど、そのノウハウは世界平和にも貢献する可能性があると思っています。

――実際、CVEは成果を挙げているのでしょうか。

そうですね。CVEはすでに中東などで行われていて、テロリストになる人を減らすことに成功したといった報告が出るなど、成功していると言われています。

具体的な介入としては、まずは勧誘されないようにすること、そして勧誘されたとしても早期に介入して深いりさせないようにする。たとえば、テロリストになった人たちを説得して止めさせたり、一度逮捕して刑務所の中でこれからの君の人生を支援するという暖かい措置を取ることによって組織を抜けさせたり。ターゲットによってアプローチは違うんですけど、ざっくり言うと予防と対処という形で行われています。これは日本の脱カルトの問題も同じで、まずは気付いて入らないようにすること、入りそうになったら止めること、そして入ってしまった人の脱会支援やその後のケアをどうやってするのかということで、プロセスとしてはほぼ一緒なんです。その意味でも日本がこの分野で果たせる役割はあると思っています。

【監修】西田公昭（にしだ・きみあき）
立正大学心理学部教授。博士 （社会学）。日本社会心理学会会長。国際連合安全保障理事会テロ対策研究パートナー。日本脱カルト協会代表理事。1984年、関西大学社会学部を卒業し、同大学大学院社会学研究科博士後期課程単位取得退学。スタンフォード大学客員研究員などを経て現職。カルト宗教のマインド・コントロールの研究や、詐欺・悪徳商法の心理学研究の第一人者として、新聞やテレビなどでも活躍。オウム真理教事件や統一教会、尼崎連続変死事件など多数の裁判で、鑑定人および法廷証人として召喚される。著書には 『なぜ、人は操られ支配されるのか』（さくら舎）、『マインド・コントロールとは何か』(紀伊国屋書店)、『だましの手口　知らないと損する心の法則』（PHP研究所）など多数。

【参考文献】『なぜ、人は操られ支配されるのか』西田公昭著（さくら舎）／『マインド・コントロールとは何か』西田公昭著 （紀伊國屋書店）／『「信じるこころ」の科学 -マインド・コントロールとビリーフ・システムの社会心理学-』西田公昭著（サイエンス社）／『だましの手口 知らないと損する心の法則』西田公昭著（PHP研究所 ）／『人間関係の社会心理学』松田幸弘編著（晃洋書房）／『マインド・コントロール 増補改訂版』岡田尊司著（文春新書）／『あやつられる心 -破壊的カルトのマインド・コントロール戦略-』トーマス・W.カイザー、ジャクリーヌ・L.カイザー著、マインド・コントロール問題研究会訳（福村出版）／『眠れなくなるほど面白い 図解 社会心理学』亀田達也監修（日本文芸社)／『人間関係の心理パースペクティブ』藤森立男著（誠信書房)／『影響力の武器［第三版］：なぜ、人は動かされるのか』ロバート・B・チャルディーニ著、社会行動研究会訳（誠信書房）／『服従の心理』スタンレー・ミルグラム著、山形浩生訳（河出書房新社）
※この他にも多くの書籍やWebサイトなどを参考にさせていただいております。

【スタッフ】
編集　株式会社ライブ（竹之内大輔／畠山欣文）
執筆　永住貴紀／村田一成
装丁　鈴木成一デザイン室
本文デザイン　内田睦美
DTP　株式会社ライブ

マインド・コントロールの仕組み

発行日　2023年6月30日　初版

監　修　西田 公昭
発行人　坪井 義哉
編集担当　高橋 大地

発行所　株式会社カンゼン
〒101-0021
東京都千代田区外神田2-7-1 開花ビル
TEL 03（5295）7723
FAX 03（5295）7725
https://www.kanzen.jp/
郵便振替　00150-7-130339

印刷・製本　株式会社シナノ

万一、落丁、乱丁などがありましたら、お取り替えいたします。

ISBN 978-4-86255-680-6
Printed in Japan

定価はカバーに表示してあります。
本書に関するご意見、ご感想に関しましては、kanso@kanzen.jp までEメールにてお寄せください。お待ちしております。